LUDMILLA MISOTIČ
DIE GRENZGÄNGERIN

Damit es nicht verlorengeht ...

23

Herausgegeben von Michael Mitterauer
und Peter Paul Kloß

Ludmilla Misotič

Die Grenzgängerin

Ein Leben zwischen Österreich und Slowenien

Herausgegeben, bearbeitet
und mit einer Einleitung versehen von
Marija Edelmayer-Wakounig

BÖHLAU VERLAG WIEN · KÖLN · WEIMAR

Gedruckt mit Unterstützung durch das
Bundesministerium für Wissenschaft und Forschung

Die Deutschen Bibliothek – CIP-Einheitsaufnahme

Misotič, Ludmilla: Die Grenzgängerin :
ein Leben zwischen Österreich und Slowenien /
Ludmilla Misotič. Hrsg., bearb. und mit einer
Einl. vers. von Marija Edelmayer-Wakounig. -
Wien ; Köln ; Weimar : Böhlau, 1992
(Damit es nicht verlorengeht . . . ; 23)
ISBN 3-205-05538-1
NE: Edelmayer-Wakounig, Marija [Bearb.]; GT

ISBN 3-205-05538-1

Satz: KLOSSSATZ, 2565 Neuhaus/Triesting
Druck: Wiener Verlag, A-2325 Himberg

Inhalt

Vorwort

Im Zuge der Vorbereitungsarbeiten für die Fernseh-
reihe Österreich II wurde seitens des Österreichischen Rundfunks aufgerufen, aus persönlichen Er-
lebnissen gestaltete Beiträge zur Geschichte der
Zweiten Republik abzufassen und einzusenden.
Ludmilla Misotič ist diesem Aufruf nachgekommen
– freilich in anderer Weise als andere Zeitzeugen, die
sich aus diesem Anlaß meldeten. Sie hat ihre Ausführungen nicht auf das Jahr 1945 und die Folgezeit
beschränkt. Die Erinnerung an ihre dramatischen Er-
lebnisse in dieser Zeit hat sie so berührt, daß sie wei-
te Teile ihrer Lebensgeschichte niederschrieb.

Der Ausgangspunkt der Darstellung ist in dieser
Autobiographie also Betroffenheit durch politische
Ereignisse. Das unterscheidet sie in mancher Hin-
sicht von Lebensgeschichten, wie sie durch alltags-
geschichtliche Schreibaufrufe zustande kommen.
Die Verflochtenheit des eigenen Schicksals in die
weltpolitischen Abläufe spielt eine dominante Rolle
– vor allem die tiefe emotionale Bindung an dieses
„Österreich II", in dem die Autorin nach so vielen
Brüchen in ihrem Leben endlich eine dauerhafte
Heimat gefunden hat. Ludmilla Misotič gehört freilich nicht zu den Zeitzeugen, die vorwiegend darüber berichten, wo sie Berührungspunkte zwischen
dem als „eigentlicher Geschichte" gedachten Ablauf

des politischen Weltgeschehens und der persönlichen Lebensgeschichte sehen. Sie zieht keine Grenze zwischen der „kleinen Welt" des alltäglich Erlebten und der „großen Politik". Ihr Blick ist diesbezüglich nicht durch Vorurteile über das „eigentlich historisch Bedeutsame" getrübt. Sie sieht ihr Leben als eine Einheit, in der sich Politik und Alltag nicht trennen lassen. So wird ihr Bericht zu einem überzeugenden Beispiel für eine Verbindung politisch- und alltagsgeschichtlicher Perspektiven aus der Sicht persönlicher Betroffenheit.

Im Zusammenhang mit dem „Medienverbundprogramm Alltagsgeschichte", das seit 1984 in Zusammenarbeit zwischen ORF, Bundesministerium für Unterricht und Kunst, Volksbildungsinstitutionen und der Universität Wien durchgeführt wurde, kam es zu einem Informationsaustausch mit dem Archiv des ORF über autobiographische Materialien, die durch die Aufrufe für die Sendereihe „Österreich II zustande gekommen waren. Mit Zustimmung der Autorinnen und Autoren wurden Kopien einiger dieser Manuskripte in die „Dokumentation lebensgeschichtlicher Aufzeichnungen am Institut für Wirtschafts- und Sozialgeschichte der Universität Wien" übernommen – unter ihnen auch die der Autobiographie von Ludmilla Misotic. Wie andere Autorinnen und Autoren dieser Sammlung hat sie auch Schreibaufrufe zu alltagsgeschichtlichen Themen aufgegriffen. In der Reihe „Damit es nicht verlorengeht . . ." wurde 1986 im Band 11 „Als das Licht kam" ein von ihr verfaßter Beitrag veröffentlicht. Auch sonst ist Ludmilla Misotič als Autorin tätig, darunter auch von Beiträgen in Umgangssprache.

Ohne den Ausführungen der Autorin vorgreifen zu wollen, seien um des besseren Verständnisses willen einige Hinweise und Erläuterungen beigegeben.

Das Leben Ludmilla Misotič' war bis zum österreichischen Staatsvertrag 1955 von der Suche nach Heimat geprägt, im besonderen von der Suche, persönlich akzeptiert zu werden in einem Land, das die Garantie für ein Leben in persönlicher Freiheit zu bieten versprach.

Das Jahr 1955 ist für dieses Buch aus zwei Gründen wichtig: Erstens bekam der Staat Österreich nach zähem Ringen am 15. Mai 1955 seinen völkerrechtlich anerkannten Staatsvertrag und bekannte sich am 26. Oktober desselben Jahres zur – heute stark diskutierten – immerwährenden Neutralität; zweitens kehrte Ludmilla Misotič aus der russischen Kriegsgefangenschaft „heim". Da ihr erklärt worden war, die Heimat wäre dort, wo die Mutter lebe, entschloß sie sich 1955 „nach Jugoslawien zu fahren, wo meine Mutter wohl noch lebte". Am Arbeitsamt wurde ihr jedoch gesagt, daß es nicht einmal für die eigenen Leute genug Arbeit gebe und sie „keine Unsrige" sei. „Sie gehören hinüber nach Österreich", wurde ihr bedeutet.

Österreich war für Ludmilla Misotič, die in Slowenien, unweit der österreichischen Grenze ihre Kindheit und Jugend verbracht hatte, etwas sehr Nahes, aber Unerreichbares. Knapp vor dem Überfall der deutschen Wehrmacht auf Jugoslawien im Frühjahr 1941 hatten die Menschen auf dem Land trotz gegenteiliger Anzeichen Hoffnungen, „sie kämen wieder zu Österreich". Deswegen mißachteten viele die Vorschrift, den Bunker aufzusuchen, denn sie wollten „die österreichischen Soldaten [in deutscher Uniform! Anm. d. Bearb.] mit offenen Armen empfangen". Ludmilla Misotič bekennt, was für den Großteil der Landbevölkerung symptomatisch zu sein schien: „Ich kümmerte mich nie um Politik, las keine Zeitung, hörte kein Radio. Ich wußte nur das eine: Hinter dem Berg wird Deutsch gesprochen, und die deutsche Sprache bedeutete für mich, wie für viele arme, gewöhnliche Menschen, Österreich."

Es war offenbar nicht wichtig, die deutsche Sprache selbst aktiv zu beherrschen; relevant war der Glaube an ein Österreich, das zum damaligen Zeitpunkt gar nicht existieren durfte. Diesem imaginären Staat brachte die Bevölkerung jenseits der österreichischen Grenze mehr Vertrauen entgegen als dem jungen und deshalb fremden Jugoslawien.

Noch andere Aspekte sollen nicht unerwähnt bleiben: Die in Kärnten ausgestellte Geburtsurkunde, der deutsche Name Forstner, die Aussicht, einen in Österreich beheimateten Mann, den Ludmilla Misotič im Repatriierungslager nach ihrer russischen Kriegsgefangenschaft kennen und lieben gelernt hatte, zu ehelichen, mögen die bereits vorhandene Affinität zu Österreich verstärkt haben.

Im ersten Kapitel schildert die Autorin ihre ersten drei Lebensjahre. Das Wissen darüber vermittelte ihr der Bruder der Mutter, Hans(i) Forstner. Es ist das ungeliebte Leben eines unehelichen Kindes. Dieses Kapitel und die folgenden handeln hauptsächlich von der Ablehnung des Kindes durch die leibliche Mutter. Ludmilla Misotič erzählt, welche Schande ihre Mutter über die Verwandtschaft gebracht hatte, als sie mit einem ledigen Kind aus Österreich in ihr heimatliche Dorf in Jugoslawien zurückkehrte. Diese Vorstellung von Schande trotzte zwanzig Jahre später sogar dem Wüten des Weltkrieges, als Ludmilla Misotič, selbst schwanger und nicht verheiratet, hilfesuchend bei ihrer Tante auftauchte und sich auf deren Wunsch in diesem „Zustand" nicht in der Ortschaft zeigen durfte. Sie begriff, daß dort „die Zeit stehengeblieben" war.

Die unbeschwerte Kindheit fand mit dem zehnten Geburtstag ein jähes Ende. Die nun verheiratete Mutter holte das Kind mit einem Trick heim. Dem Kind, das in einfachen, aber glücklichen Verhältnissen aufgewachsen war, wurde seine angebliche Rückständigkeit rücksichtslos vor Augen geführt. Ludmilla Misotič selbst empfand das neue Elternhaus als „eine Arbeitsstelle", wo sie um „ein Gnadenbrot" zu arbeiten hatte. Der ihr wohlgesonnene, aber machtlose Stiefvater war ihr keine Stütze.

Die Pubertät empfand sie wegen der rätselhaften und bedeutungsschweren mütterlichen Bemerkung „Sollt' ich einmal was bemerken, ich bring sie um!" als Bedrohung. Die Entwicklung zur Frau löste kein neues Körperbewußtsein, sondern seelische Qualen aus. Die Mutter sah in der heranreifenden Tochter eine Bedrohung für ihre Ehe.

Die Einwirkung der mütterlichen Gewalt machte sich auch bei der Berufswahl bemerkbar. Da eine Lehre ihre finanziellen Ressourcen in Anspruch genommen hätte, ignorierte sie den Wunsch der Tochter und schickte sie in den Dienst. Der Lohn war nicht nur für die Tochter bestimmt, sondern diente in erster Linie dazu, das Budget der Mutter aufzubessern. Erst in Wien lernte Ludmilla Misotič den Umgang mit eigenem Geld.

Im gesamten Buch entwirft die Autorin von sich das Bild einer Suchenden, einer Suchenden nach Zuneigung und Heimat. In ausweglosen Situationen kehrt sie – daher? – immer wieder zu ihrer Mutter zurück, in der vergeblichen Hoffnung, dort endlich an das Ziel ihrer Suche zu gelangen. Das Sich-nicht-Finden bleibt beherrschendes Thema des Buches.

Ungewöhnlich ist nicht das gespannte, manchmal in Haß ausartende Verhältnis zwischen Mutter und Tochter, ungewöhnlich ist, daß eine Frau an ihrem Lebensabend diesen Haß auf ihre Mutter in einer Biographie offen darstellt. Im Regelfall werden familiäre Auseinandersetzungen und Zerwürfnisse dieser Tragweite nicht erzählt, sondern geschönt dargestellt oder überhaupt weggelassen. Ludmilla Misotič hat – wohl unbewußt – den schwierigeren Weg beschritten und über den Weg zur Öffentlichkeit versucht, dieses Problem aufzuarbeiten.

Den Zweiten Weltkrieg verbrachte Ludmilla Misotič zum größten Teil in Wien als Hausmädchen. Die „Wienerstadt" bot ihr erstmals Gelegenheit, sich der mütterlichen Obhut zu entziehen, doch der einmalige Mißbrauch des erlaubten Ausgangs führte prompt zum Verlust ihres ersten Postens. Ihr nächster Arbeitgeber gewährte ihr noch mehr Freiheiten, „und das war schlecht".

Im Prater machte sie Männerbekanntschaften, dort traf sie auch zufällig den Anlaß der ersten Kündigung wieder und ging mit ihm eine sehr ernste, aber nicht lange dauernde Beziehung ein. Aufgrund einer Schwangerschaft geriet sie abermals unter eine Obhut, diesmal unter jene der Mutter des Partners. Als das Kind bei der Geburt starb, schien sie neuerlich allein dazustehen: „Ich hatte mich so auf mein Kind gefreut und konnte es kaum erwarten, es in den Armen zu halten. Endlich etwas, das nur mir allein gehören würde! Es hatte noch nie im Leben etwas mir gehört."

Die Schilderungen der Schrecken im sowjetischen Lager Workuta nach dem Zweiten Weltkrieg, in dem Ludmilla Misotič wegen angeblicher Spionagetätigkeit für den englischen Geheimdienst interniert worden war, nehmen im Vergleich zur Kindheit wenig Raum ein. Das Lagerleben verdammte die Masse der Internierten zu einem Dasein als Arbeitsautomaten. Vielleicht liegt darin der Schlüssel, daß das am Körper, im besonderen aber an der Psyche geschehene Unrecht eine ausführliche Auseinandersetzung in geschriebener Form nicht zuläßt. Die Autorin beschränkt ihre Erzählung über diesen Lebensabschnitt auf die wichtigsten Ereignisse.

Die Bearbeitung des handschriftlich vorliegenden Manuskripts für die Publikation erfolgte entsprechend den sonst in dieser Reihe üblichen Kriterien: Orthographie, Interpunktion und Zeitenfolge wurden der Hochsprache angeglichen. Soweit wie möglich wurde allerdings die persönliche Färbung der Sprache beibehalten, die dadurch beeinflußt ist, daß Ludmilla Misotič in ihrem Leben in verschiedenen Lebensphasen Slowenisch beziehungsweise Deutsch als Muttersprache praktiziert hat.

13

Weiters wurden „sprechende" Zitate als Titel ein-
gearbeitet, zu lange Absätze geteilt, Umstellungen
anhand der lebensgeschichtlichen Zeitlinie vorge-
nommen.

Ziel war, einen *lesbaren* Text herzustellen, der den
Intentionen der Autorin wie den Ansprüchen der
Leser in gleicher Weise gerecht wird – seien sie nun
Wissenschaftler, Angehörige der Generation der Autorin, die sich in manchen Situationen wiedererken-
nen mögen, oder junge Leser, die die Darstellung
der unmittelbaren Vergangenheit so authentisch wie
möglich kennenlernen wollen

Der Grenze zwische Slowenien und Österreich, die
im Leben von Ludmilla Misotič eine so große Rolle
gespielt hat, hatte in der Geschichte der beiden Län-
der wie in den einzelnen Lebensphasen der Autorin
eine sehr unterschiedliche Bedeutung. Noch als die
Autorin dieses Manuskript verfaßte, stand das Trennende im Vordergrund. Die leidvolle Geschichte der
„Grenzgängerin" zu veröffentlichen, mag in einer
Zeit besonderen Sinn haben, in der dieses Trennende
seine Bedeutung verliert.

Marija Edelmayer-Wakounig   Wien, im März 1992

„ . . . der Bankert soll sterben . . ."

Am 15. September 1925 kam ich in Bad Vellach, Bezirk Eisenkappel, zur Welt. Da meine Mutter, Josefa Forstner, und mein Vater, Franz Meier, nie geheiratet haben, wurde meine Mutter verachtet und bekam von niemandem Arbeit. Aus diesem Grund ging sie heim nach Schwarzenbach. Aber auch dort wurde sie nicht aufgenommen. Ihre eigene Mutter – also meine Großmutter – jagte sie samt mir auf die Straße.

Da schaltete sich mein Onkel Hansi ein. Er fand für meine Mutter eine Hausmädchenstelle, wo sie auch mich behalten konnte. Anfangs ging alles gut. Da ich die meiste Zeit schlief, konnte sie ihre Arbeit verrichten. Doch so, wie es nach außen hin aussah, war es nicht: Onkel Hansi, der sehr oft Nachschau hielt, bemerkte sehr bald, daß ich immer schwächer und magerer wurde.

Er zog meine Mutter zur Verantwortung, die mürrisch antwortete: „Was kann ich machen? Was soll ich denn tun? Das Kind nimmt die Brust nicht an, ich muß die Milch herauspumpen und mit dem Löffel füttern. Ich habe große Schmerzen in der linken Brust. Der Arzt hat mir geraten, ins Krankenhaus zu gehen, er vermutet eine Drüsenverkalkung. Das müßte operiert werden, aber dazu habe ich kein

Geld. Und, der Bankert soll sterben, ich hab ihn sowieso nicht haben wollen!"

Onkel Hansi war klar, daß seine Schwester eine schlechte Mutter war und nie eine gute werden würde. Er beschloß, sich um mich armen Wurm zu kümmern. Aber wie? Seine Lehre als Verkäufer war noch nicht abgeschlossen, außerdem besaß er kein Geld, mich zu jemandem in Pflege zu geben.

Im Februar des Jahres 1926 – der Winter war sehr streng und hielt dann noch lange an – erhielt Onkel Hansi den so sehr erwünschten Gesellenbrief. Die Freude darüber wollte er seiner Schwester Pepi mitteilen. Mit dem Gesellenbrief in der Tasche eilte er durch Schwarzenbach zum Haus, wo er seine Schwester und mich vorzufinden glaubte. Es war zwar schon etwas dämmrig, doch irgendwo im Haus mußte ja eine Kerze oder eine Petroleumlampe brennen; aber nichts dergleichen – es herrschten Dunkelheit und Totenstille.

Enttäuscht machte er kehrt und wollte schon gehen, als er plötzlich ein Winseln vernahm. Es hörte sich wie die Stimme eines Kindes an. Er überlegte, ob es Katzenlaute waren, und versuchte herauszufinden, woher sie kamen. Plötzlich durchzuckte ihn der Gedanke an das Kind, an mich. Er rüttelte an der Haustür, die zu seinem Erstaunen schnell nachgab. Im dunklen Flur rief er nach seiner Schwester, erfolglos. In der Sakkotasche fand er eine Schachtel Streichhölzer. Seine Finger zitterten vor Erregung, aber nach einigen Versuchen gelang es ihm doch, ein Streichholz zu entzünden und die Kerze zu entflammen, die immer auf der staubigen Stellage neben der Eingangstür lag.

Es war das Weinen eines Kindes. Er ging dieser Stimme nach und gelangte ins Badezimmer. Der Anblick, der sich seinen Augen bot, war unfaßbar: Auf dem Marmortisch neben dem Waschbecken lag blaugefärbt ein vollkommen nackter Körper – ich. Nirgends waren Bekleidungsstücke zu sehen, nur auf dem Boden lag eine Roßdecke. Onkel Hansi hob sie auf und wickelte mich hinein.

So schnell er konnte, rannte er zum Haus seines Vorgesetzten, wo er mit entsetzlichen Beschimpfungen empfangen wurde: „Ich will das Kind deiner Schwester nicht! Ich will diesen Bankert von so einer Hure nicht!" Den Onkel störten die Beschimpfungen der Chefin nicht. Er verschwand samt dem Bündel in seiner Kammer und beschloß, das Kind zu wärmen. Einen Arzt zu holen, das wagte Hansi nicht einmal zu denken, er besaß das nötige Geld nicht. So verließ er sich vollkommen auf den Willen Gottes und beschloß, das Kind, wenn es überleben sollte, nicht mehr in die schwesterliche Obhut zu geben.

Onkel Hansi hatte seine Nichte zwar vor dem Tod gerettet, doch es stellte sich die Frage, wie es weitergehen sollte. Aber – der Mensch denkt und Gott lenkt. Das Herz der Chefin ließ sich erweichen, und sie nahm das Kind an. Sie machte meine Mutter ausfindig, um sie zur Rede zu stellen. Die gab alles ohne Reue zu und meinte, es wäre besser gewesen, wenn ich nicht überlebt hätte.

Dem Gesetz nach ist der Pepi – so nannten sie meine Mutter – die Vormundschaft entzogen und meinem Onkel Hansi übertragen worden. Die Chefin erklärte sich bereit, mich aufzuziehen. Meine Mutter hatte im Ort keine Ruhe mehr, alle zeigten mit Fingern auf sie. So riet ihr der Hansi, sie soll irgendwo weit weg, wo sie keiner kennt, eine Arbeitsstelle suche. Pepi befolgte den Rat und ging nach Agram. Dort blieb sie vier Jahre.

Der Hansi war sich der Vormundschaft für mich voll bewußt. Er sah auch, daß ich von seiner Chefin nicht mit der nötigen Liebe und allem, was dazugehört, behandelt wurde. Windeln hatte sie sowieso keine, aber auch die alten Fetzen, in welche sie mich steckte, waren voller Schmutz. Das Bett – wenn man es so nennen konnte – war ein schmutziger Strohsack in einer Küchenecke.

Eine lange, schlaflose Nacht hatte es den Hans gekostet, und am Sonntagmorgen war der Entschluß gefaßt, zu *seiner* Mutter zu gehen. Es war Mai, rundherum stand schon alles in Blüte. Hansi blieb stehen, atmete die frische Frühlingsluft tief in seine Lunge und grub seine bloßen Füße in das weiche Gras. Sein Weg führte über Berg und Stein, denn seine Mutter wohnte ganz unter der Petzen. Mutter und Sohn fielen einander in die Arme. Nach dem langen Winter war die Freude groß, einander wiederzusehen.

Doch die gute Stimmung war bald getrübt, als der Hansi seiner Mutter die Bitte vorbrachte, mich, ihr Enkelkind, zu sich zu nehmen. Trotz aller Proteste der Mutter blieb der Hansi hart und machte ihr klar, daß ich ein unschuldiges Kind war und nichts dafürkonnte, daß ich auf der Welt war. Nach langem Hin und Her ließ sich das Mutterherz erweichen, und sie sagte: „Na gut, Hansi, aber nur dir zuliebe. Bring mir, in Gottes Namen, das arme Würmchen."

Ich war ganze acht Monate alt, als mich der Onkel Hansi zur Großmutter brachte. Und hier gedieh ich prächtig: Es gab genug Ziegenmilch, und meine Wangen wurden langsam voller und rötlicher. Auch die Nachbarn gewöhnten sich an das uneheliche Kind von der Pepi und gewannen es auch lieb. Aber dem Hansi entging nichts. Die Großmutter trank – aber nicht nur gegen den Durst, sondern auch darüber. So geschah es öfter, als sie mich liebevoll spazierentrug oder -führte, daß wir im Straßengraben landeten.

Onkel Hansi wollte dem Gerede der Leute zuerst nicht glauben, aber einmal war er selbst bei einem solchen „Unfall" dabei und sagte: „Nein, nein, um Gottes willen! Jetzt ist das Kind so herzig, kann schon laufen und plappert lustig durch die Gegend, und zum guten Schluß bringt's noch die Großmutter in ihrem Rausch um!" Er erzählte mir auch, daß mein Gesicht von Blut ganz verschmiert war. Er wußte aber nicht, ob das Blut aus der Nase oder aus dem Mund gekommen war.

So war für Onkel Hansi wieder einmal guter Rat teuer. Wohin? Die Großmutter hatte eine Schwester, sie hieß Anna, die in Lesche bei Prevali wohnte. Die hatte einen Sohn gehabt, der gestorben war, als er fünf Jahre alt wurde. Dieser Tante entsann sich Onkel Hansi und glaubte nun, für mich eine neue Heimat gefunden zu haben. Er nahm sich vor, der Tante Anna, sobald es ihm die Zeit erlaubte, einen Besuch abzustatten.

Und so geschah es dann auch. Aber Tante Anna hatte genauso eine Abneigung gegen die Pepi wie meine Großmutter, da sie ja, zur Schande der ganzen Verwandtschaft, ein lediges Kind in die Welt gesetzt hatte. Auch hier setzte der Onkel Hansi all seine Überzeugungskraft ein: Es gehe ja nur um das Kind und nicht um seine Mutter. Nun, auch Tante Anna ließ sich erweichen, und wieder einmal atmete der junge Mann auf. Der Tag meiner Übersiedlung war mein dritter Geburtstag, der 15. September 1928 – und an diesen Tag kann ich mich sehr gut erinnern.

„Von meiner Mutter war wenig die Rede"

Es war ein wunderschöner, goldener Herbsttag. Mit einem Pferdefuhrwerk fuhren mein geliebter Onkel Hansi und ich von Schwarzenbach nach Prevali. Hier warteten schon Tante Anna und ihr Mann, Onkel Matthias, auf uns. Von Prevali bis Lesche sind es vier Kilometer. Es war ein Marsch von einer guten Stunde. Sehr bald wurde ich müde, und Onkel Hansi hat mich zwischendurch auf seinen Schultern getragen. Dies ist mir bis zum heutigen Tag ganz lebendig in Erinnerung geblieben.

Hier bei Tante Anna und Onkel Matthias war es sehr schön. Sie hatten ein ganz kleines Holzhaus. Von draußen führte eine Holzstiege auf den Dachboden. Gleich anschließend war die Holzhütte und weiter hinten der Stall, der abgeteilt war. Auf der einen Seite waren Schweine, auf der anderen standen drei Ziegen. Die versorgten uns und die Katze Murli mit Milch. Die sechs Hühner, es gab auch einen Hahn, legten brav ihre Eier.

Der Onkel Matthias war von Beruf Zimmermann. Er schnitzte mir all mein Spielzeug, und das bestand aus Kühen, Pferden, Ziegen und Vögeln, alles wunderschön bemalt. So hatte ich einen ganzen Zoo, dazu noch die Katze Murli, die immer für Nachwuchs sorgte. Meine liebsten Spielgefährten waren die kleinen Kitzerln – Tante Anna hat mir immer erzählt, sie hätte sie aus dem tiefen Bach geholt, bevor sie in den Stall zu der alten Ziege kamen, und ich habe auch immer an diese Erklärung geglaubt –, doch nach sechs bis acht Wochen wurden die Kitzerln verkauft, und ich vergoß bittere Tränen.

Von meiner Mutter war wenig die Rede. Ab und zu sprach Tante Anna mit der Nachbarin über sie. Kinderohren hören sehr gut, und so habe ich einiges mitbekommen, vor allem das: meine Mutter sei sehr schlecht und böse. Zur Zeit sei sie ja weit weg, sollte sie aber einmal auftauchen, so könnte sie gleich wieder gehen.

Und tatsächlich kam es zu diesem „einmal": Meine Mutter, an die ich mich gar nicht erinnern konnte, tauchte plötzlich auf. Es gab ein lautes Wort nach dem anderen. Davon verstand ich so viel wie nichts. Aber eines habe ich behalten: sie sollte gleich wieder verschwinden.

Ich ging schnell ins Haus, nahm von Tante Anna ein Kopftuch, legte ein Stück Brot hinein, band es zusammen und brachte es der Mutter. Ich drückte ihr das Bündel in die Hände und wollte mich so schnell wie möglich entfernen. Da griff die Mutter nach mir, drückte mich an sich und weinte laut auf. Ihre Tränen näßten auch mein Haar, doch das war nur für eine Sekunde. Ich riß mich los, rannte, was mich die Füße trugen, in den Stall zu den Ziegen und versteckte mich unter dem Futtertrog. Hier würde mich niemand finden, außer Tante Anna.

Gott sei Dank, dieser schreckliche Tag war bald vergessen. Ich wurde ein fröhliches Kind und spielte mit den anderen Kindern auf der Straße Fangen. Platz hatten wir ja genug, es fuhren noch keine Autos, hie und da ein Pferdefuhrwerk.

Hier gab es auch ein kleines Bacherl und darüber eine schmale Holzbrücke, die nur eine morsche Latte als Geländer hatte. Beim Fangenspielen versetzte mir einmal eines von den Kindern einen Stoß, ich durchbrach die Latte und fiel in das Bacherl. Ich mußte wohl mit dem Kopf gegen einen Stein gefallen sein, da ich mich nicht daran erinnern konnte.

Erst zu Hause im Bett – da standen so viele Menschen herum, und Tante Anna hielt mich an den Oberarmen – wurde ich in einer Tour gefragt, was und wo es wehtat. Ich konnte nichts sagen, es tat ja nichts weh. Ich wunderte mich nur, warum die vielen Dorfkinder samt ihren Eltern hier waren. Ich wußte ja nicht, daß ich in den Bach gefallen war.

Jedes Jahr freute ich mich ganz besonders auf den Winter. Onkel Matthias hatte mir einen Schlitten gezimmert, er bestand aus drei Brettern. Im Garten wurde aus Schnee ein großer Berg aufgehäuft, und hier durfte ich fahren, solange ich wollte. Ich merkte gar nicht, wie naß ich war und wie mir die Füße an den Holzzockeln anfroren. Die Eiszapfen hingen an den dicken Wollstrümpfen, von der Ferse bis zum Knie. Ich hatte nicht einmal ein Höschen, geschweige denn eine lange Hose.

Mit großer Ungeduld wartete ich immer auf den Nikolausabend. Da kam immer ein sehr schöner, großer heiliger Nikolo in Begleitung von zwei Engeln. Ich mußte beten und versprechen, brav zu sein, sonst würden mich die Krampusse mitnehmen, die draußen vor der Tür warteten. Die Gaben, die mir der heilige Nikolo brachte, waren sehr bescheiden: ein Kranz Feigen, ein paar Boxhörndln, einige Äpfel und Lebkuchen. Es war nicht viel und auch nicht wertvoll, aber die Gaben waren für mich ein Heiligtum, ich wagte sie kaum zu essen.

Der Winter brachte der Tante und dem Onkel zusätzlichen Verdienst. Die Bauern brachten weiße und schwarze Schafwolle. Die wurde in der Stube in eine Ecke geschüttet und vermischt. Es war graue Wolle daraus geworden. Für mich war es die größte Freude, mich darin zu wälzen. Onkel Matthias hat von Tagesanbruch bis zur Abenddämmerung kartatscht. Er machte so flaumige Röllchen, aus denen dann Tante Anna auf dem Spinnrad den Faden spann. Zum Abendessen gab es eine sehr gute Faferlsuppe, die aß ich mit Leidenschaft, aber nicht, ohne vorher zum lieben Gott gebetet zu haben.

Die Schlafstube wurde am Abend etwas erwärmt, und das ging so: Neben dem großen Backkachelofen, der aus der Küche geheizt wurde, stand ein ganz kleiner Eisenofen – man nannte ihn „Kasperl". Kurz nach den Einheizen wurde er sofort rundherum ganz rot. Vor dem Schlafengehen mußte ich noch aufs Topferl. Da mich fror, setzte ich mich dicht zum „Kasperl". Dabei berührte mein Knie einmal die „rote Wange" des „Kasperls". Sofort war die Haut verbrannt, und ich schrie wie am Spieß. Es gab eine große Aufregung um das bißchen Wunde. Doch dieses bißchen Wunde eiterte, es wollte und wollte nicht heilen.

Bald darauf kam eine Zigeunerin vorbei. Sie nahm aus ihrer Tasche ein paar runde Steine und rollte diese über mein Bein; dabei murmelte sie in einer unverständlichen Sprache. Sie kam drei Tage und tat immer das gleiche. Und siehe da, mein Knie wurde wieder ganz gesund.

Elektrisches Licht hatten wir keines. Am Abend wurde – nur für kurze Zeit – die Petroleumlampe angezündet. Eine dünne, zusammengerollte Kerze brannte nur in der Schlafstube beim Abendgebet. Zur Fasten- und Adventzeit wurde immer der Rosenkranz gebetet.

Ein Heiliger Abend hat sich mir besonders eingeprägt: Tante Anna wickelte mich von Kopf bis Fuß in ihr Schultertuch. Onkel Matthias zündete in der alten, schon rostigen Laterne eine Kerze an, die Petroleumlampe, die auf dem Tisch stand, wurde ausgepustet und das Haus versperrt. Vier Kilometer war der Weg zur Pfarrkirche. Bittere Kälte biß in meiner Nase. Meine kurzen Beine konnte ich kaum noch heben, aber ich mußte strampeln.

Tante Anna erzählte mir während des ganzen Weges, daß in der Kirche das kleine Jesukind geboren worden war und auf uns wartete. Endlich waren wir da, aber ich war so erschöpft, daß ich auf dem Schoß von Tante Anna einschlief. Als ich aufwachte, war die Mitternachtsmesse vorbei. Ich war sehr traurig, daß sie mich nicht geweckt hatten und daß ich das kleine Jesukind nicht gesehen hatte. Auf dem Rückweg hat mich Onkel Matthias getragen.

Am nächsten Tag, am Weihnachtstag, kam eine entfernte Bekannte, um uns alle drei für den Nachmittag zu einer Jause einzuladen. Sie meinte, sie hätte auch so eine Tochter in meinem Alter, und ich könnte mit ihr spielen. Tante Anna nahm die Einladung an. Wir gingen hin und erlebten viele Überraschungen:

Zuallererst mußten wir die Schuhe im Vorzimmer ausziehen. Ich war aber darüber sehr froh, denn sie hatten mich sehr gedrückt. Sie waren mir schon viel zu klein, aber ich durfte sie ja nur am Sonntag tragen – und auch das nur im Winter. Im Sommer ging ich barfuß. Alle armen Kinder gingen so, es gab ja kein Geld, um Schuhe zu kaufen.

Der Raum, in welchen wir traten, war sehr elegant. Meine Augen blieben in einer Ecke des Raumes hängen und wurden immer größer, meinen Mund machte ich gar nicht mehr zu. Hier in dieser Ecke stand ein Baum, so ein Baum, wie es im Wald so viele gab. Aber wie sah der Baum aus? Es war ein Christbaum – ich hatte noch nie einen gesehen.

Dann kam ein kleines, sehr schön angezogenes Mädchen herein. Ja, sie dürfte in meinem Alter gewesen sein. Sie lächelte mich freundlich an, nahm meine Hand und zog mich in die Ecke zum geschmückten Baum. Voll Begeisterung zeigte sie mir ihre Geschenke, die ihr das Christkind vergangene Nacht gebracht hatte. Ich stand da und wußte nicht recht, was ich davon halten sollte.

Wie Blitze schossen Gedanken durch mein Gehirn: „Was? Das kleine Jesukind, das erst heute Nacht geboren worden war, sollte das alles gebracht haben?" Dann brach ich in Tränen aus, lief zur Tante und vergrub mein Gesicht in ihrem Schoß. Ich weinte nicht um all die Sachen, die das Mäderl bekommen hatte. Mir war ja so eng ums Herz, daß ich vergangene

Nacht in der Kirche eingeschlafen war und das Jesukind nicht gesehen hatte. Tante Anna bereute diese Einladung meinetwegen. Sie nahm sich vor, nie wieder zu Leuten zu gehen, die besser lebten als wir.

1931 nahm man mich ungern in die Schule auf, da ich erst am 15. September sechs Jahre alt wurde. Die Mitschülerinnen neckten mich immer wieder: Ich hätte keine Eltern, ich wäre ein „Kuckucksei". Ich verstand zwar nicht viel davon, und doch litt ich sehr darunter. Eines Tages kam mein Lebensretter „Onkel Hansi" zu Besuch. Ihm schüttete ich mein Herz aus, er wußte ja für alles einen Rat.

Onkel Hansi wußte wirklich etwas, und ich konnte dann bei meinen Mitschülerinnen triumphieren: „Also, ich *habe* einen Vater, der in Österreich in Treffen bei Villach wohnt, und ich *habe* eine Mutter, die sich in Kürze verheiraten wird, und dann werde ich einen zweiten Vater haben. Der Mann, den meine Mutter ehelichen wird, stammt aus Bleiburg und wohnt zur Zeit in Podvelka."

Meine Mutter heiratete tatsächlich, den Karl Koschelnik, und sie wollte mich sogleich auch bei sich haben. Doch so ohneweiters bekam sie mich nicht, und so beschloß sie, mich zu entführen. Sie organisierte eine sehr stark gebaute Frau, die genug Kraft haben würde, sollte ich mit der Entführung nicht einverstanden sein.

Es war am 15. August 1933, als Tante Anna und Onkel Matthias mit mir von der Kirche nach Hause kamen. Ich blieb noch etwas draußen vor dem Haus stehen, da ich so selten die Schuhe und auch ein schönes Kleid anhaben durfte. Die Nachbarn sollten sehen, daß ich auch schöne Sachen hatte. Auf einmal packte mich jemand von hinten, zwei starke Arme klammerten mich um die Mitte und trugen mich davon. Als ich schreien wollte, hielt mir eine Hand den Mund zu. Ich begann zu kratzen und mit den Füßen zu treten.

Als Tante Anna nach mir schauen wollte, war ich schon mitten in der Ortschaft, eine Menge Leute hatten einen Kreis gebildet, indem ich hin- und hergezogen wurde. Ich sah nur noch den Onkel Matthias, wie er auf die Frau, die mich festhielt, einschlug, weiter weiß ich nichts mehr. Am nächsten Tag wachte ich in einem fremden Haus auf. Auch Onkel Matthias lag daneben im Bett, und Tante Anna kühlte seinen Kopf mit einem Umschlag. Seit diesem Tag war Onkel Matthias immer kränklich; drei Monate lang lag er halb gelähmt im Bett, nicht einmal meinen Namen konnte er aussprechen.

Nach dem Tod des Onkels ging es bergab. Die Tante ging täglich zu einem Bauern zur Feldarbeit. Auch ich mußte mit und mit den Bauernkindern Schafe hüten. Das Essen, das die anderen Leute von ihrer Jause übriggelassen hatten, durften wir Kinder aufessen. Es war aber oft sehr knapp. Ein Stück Brot, das mir Tante Anna hin und wieder zusteckte, mußte ich fast immer mit dem Widder teilen. Als ich einmal kein Brot hatte, stieß er mich über den Hang in die Brennesseln. Er konnte mich einfach nicht leiden. Ich trug zwar ein langes Kleid, aber keine Höschen, dazu war ich noch barfuß. Die Verbrennungen von den Brennesseln waren so stark, daß ich lange nicht sitzen konnte.

Der größte Teil der Bauernkinder waren Buben, nur eines ein Mädchen, Maria. Eines Tages, es regnete in Strömen, spielten alle Kinder im Heustadel. Die

Buben benötigten für ihr Spiel Zigaretten, aber sie hatten kein Geld, um sie zu kaufen. Da habe ich zum ersten Mal gestohlen. Mir war aber gar nicht bewußt, daß es Diebstahl war.

Ich nahm aus Tante Annas Schatulle, die sie in der Tischlade aufbewahrte, ein Geldstück. Ich wußte nicht, daß das eine Stück zehn ganze Einer enthielt. Dafür bekam ich einhundert Zigaretten. Die Buben verstauten nach Beendigung des Spieles Zigaretten und Streichhölzer im Heu. Ein paar Tage später wurden sie vom Bauern entdeckt. Ein großer Schreck durchfuhr seine Glieder: „Um Gottes willen, der ganze Hof hätte abbrennen können!"

Ich gab der Tante gegenüber ohneweiters zu, das Geldstück genommen zu haben. Dafür bekam ich das erste Mal Schläge mit der Krampusrute auf den nackten Popo. Es hat sehr weh getan, doch das war für mein ganzes Leben eine Lehre: Ich habe es nie wieder getan.

Eines Tages kam aus Eibiswald die Nachricht, die Urgroßmutter sei schwer erkrankt. Wieder war es Onkel Hansi, der sich um seine Großmutter kümmerte. Er holte die alte Frau über die Grenze zu sich nach Schwarzenbach, wo sie bald darauf starb.

Im Juni 1933 durfte unsere ganze dritte Schulklasse nach Prevali zu einer historischen Veranstaltung. Von überall kamen Menschen, und da war auch meine Mutter aus Podvelka mit meinem sogenannten neuen Vater. Als sich meine Lehrerin zu mir herunterbeugte und mir ins Ohr flüsterte: „Ludmilla, komm mit mir, deine Mama will dich sehen", da riß ich aus und versteckte mich unter den Bänken. Man mußte mich mit Gewalt wieder heranschleppen.

Eine große, schlanke, in meinen Augen sehr schöne Frau kam mir mit ausgestreckten Armen entgegen. Hinter ihr ein junger Mann. Diese schöne Frau, die mich nun in die Arme schloß, war meine Mutter. Ah – sie war so jung, so elegant, und sie roch so gut nach irgend etwas. „Schau" sagte sie, als sie die Umarmung etwas lockerte und sich zu dem Mann, der leise herangetreten war, drehte, „schau, das ist dein Vater, gib schön die Hand."

Als ich der Aufforderung nachkam, lächelte er und führte mich zu den Marktstandln. Ich sollte sagen, was ich gerne haben wollte, er würde es mir kaufen. Aber was wollte ich? Ich hatte so einen Kram noch nie gesehen und wußte gar nicht, wozu er dienen sollte.

Er kaufte mir trotzdem eine Tüte mit Süßigkeiten und ein Vogelpfeiferl. Dann sagte er, ich sollte doch zu Besuch kommen, er hätte zu Hause Kanarienvögel und weiße Haserl mit roten Augen. Die Mutter gab mir so ein Geldstück in die Hand, wie ich es einst der Tante Anna gestohlen hatte, mit der Bemerkung, die Tante sollte mir dafür etwas kaufen.

Ich versprach, sie zu besuchen. Vergessen war das Gerede über die böse Mutter. Mein Herz jubelte, als ich wieder zu Hause ankam. Doch die Eröffnung, die ich Tante Anna machte, versetzte der armen Frau einen bösen Schlag. Ich sah, wie sie sich die Tränen abwischte, und versuchte sie zu trösten: Ich wolle ja nur die Kanarienvögel und die weißen Hasen mit den roten Augen sehen. Eine Woche später erschien Onkel Hansi, und mein Schicksal wurde erneut beschlossen: Aus dem Besuch, den ich meiner Mutter und meinem Vater machte, wurde ein neuer Lebensweg.

„ . . . es war nicht . . . mein Elternhaus.
Es war nur eine Arbeitsstelle . . ."

Wieder begann an meinem Geburtstag ein neuer Lebensweg: Am 15. September 1935, ich war also ganze zehn Jahre alt. Um drei Uhr früh mußte ich aufstehen. Eine gute Stunde barfuß war nach Prevalje
zurückzulegen. Es war noch Nacht. Eisenbahnzüge
hatte ich schon von weitem gesehen, war aber noch
nie in einem gefahren.

Mit zehn Jahren unternahm ich also meine erste
Fahrt im Zug. Die Waggons hatte ich für kleine
Häuser gehalten. In so ein Häuschen – über zwei
mit Teer beschmierte Holzstufen – stiegen wir hinein. Drinnen war alles schön beleuchtet; lange, höl-
zerne Bänke, nur der Boden war so schwarz. Tante
Anna schob mich zum Fenster, und ich durfte hin-
ausschauen. Der Zug setzte sich in Bewegung – und
dann kam ich aus dem Staunen nicht mehr heraus.
Draußen lief alles an uns vorbei: Häuser, Bäume,
Wiesen! Mir war schon ganz schwindlig.

Eine ganze Stunde dauerte die Fahrt, bis der Zug
in Podvelka angekommen war. Beim Aussteigen
mußte ich mich übergeben. Da erklang auch schon
die Stimme meiner Mutter, die auf uns wartete. Die
Stimme war scharf, sodaß ich erschrak: „Na, so was
Verhätscheltes. Verträgt nicht einmal die Zugfahrt!"
Tante Anna versuchte, mich zu verteidigen, aber der
stechende Blick der Mutter ließ sie verstummen. Sie
drängte weiterzugehen.

Gleich gegenüber vom Bahnhof stand ein zwei
Stock hohes Haus. Über dem Eingang hing ein

Schild mit großen Buchstaben: „Restauration". Beim Eintreten in die Restauration drang ein wunderbarer Duft in meine Nase. Es roch nach Gulasch und Bier. Nun führte uns die Mutter über sehr viele Stufen, erst im zweiten Stock machten wir halt. Hier, so hoch oben, war nur eine Zweizimmerwohnung, die meine Mutter und Vater bewohnten. In der Küche, gleich rechts an der Wand, hingen Vogelkäfige und darin schöne, gelbe Kanarienvögel. „Na, gefallen sie dir?" fragte eine Männerstimme hinter meinem Rücken. Die Stimme klang weich und warm. Und ich wußte, dieser Mann ist mir gut gesinnt, was immer auch geschehen mag. Es war der Vater, der lächelnd zu mir heruntersah. Ich schob vertrauensvoll meine Hand in seine. „Und – wo sind die Haserln mit den roten Augen?" fragte ich zaghaft. Ich wollte die Besichtigung schnellstens hinter mich bringen, damit ich mit Tante Anna gleich wieder heimfahren konnte.

Doch daraus wurde nichts. Ich mußte zuallererst die Hände waschen. Die Mutter schimpfte, daß ich schmutzige und zu lange Fingernägel hätte. Sie nahm eine Schere, und die Nägel wurden geschnitten. Nun mußte ich mich zu Tisch setzen, so, wie sie es wollte, und dann stellte sie mir eine Tasse mit einem ganz komischen Kaffee hin. Als ich ihn nicht trinken wollte, schimpfte sie wieder, daß ich so vertrottelt sei und nicht einmal Kakao kenne. Was Kakao war, wußte ich wirklich nicht. Bei Tante Anna gab es nur Ziegenmilch oder Kathreiner Kaffee mit Franck.

Tante Anna und meine Mutter hatten viel zu besprechen, das ich nicht hören sollte, darum mußte ich mit Vater spazierengehen. Ganz neu waren für mich die vielen Stiegen, ich wollte immer wieder hinauf- und hinuntersteigen. Auch über das Geländer war herrlich zu rutschen. Doch da waren Grenzen gesetzt: Ich durfte nicht soviel Krawall machen, weil hier im ersten Stock Leute in den Zimmern schliefen. Das war für mich wieder etwas Neues. „Wieso schlafen die alle?" Vater erklärte, dies seien Reisende, die schlafen müßten. „Naja, wird schon stimmen, was mir der Vater erklärt", dachte ich bei mir.

Im Hof gegenüber standen mehrere Gebäude: eine lange Kegelbahn, ein Eiskeller, und dahinter wurde künstliches Eis erzeugt. Endlich kamen wir zur Holzhütte, wo Vater seine weißen Haserln züchtete. Die hatten tatsächlich rote Augen. Ich wollte alle streicheln und konnte mich gar nicht mehr von ihnen trennen. Aber Vater versprach mir, daß ich nach dem Mittagessen wieder zu den Haserln gehen dürfe.

Vor der Restauration standen riesengroße Kastanienbäume. Da wollte ich unbedingt hinaufklettern. Doch das durfte ich nicht. „Aber warum nicht? Zu Hause tu ich es immer – auf alle Bäume. Ich falle ganz bestimmt nicht hinunter", versicherte ich Vater. Aber er meinte, das würde sich nicht schicken, denn es wäre für alle Gasthausbesucher entsetzlich. Da war ich schon etwas traurig, denn ich kletterte so gern und wollte, daß der Vater sah, wie gut ich es konnte.

Als der Vater und ich nach oben kamen, stand das Mittagessen schon auf dem Tisch. Ich mußte dann wieder Hände waschen, dabei waren sie gar nicht schmutzig. Also, dieses Händewaschen brachte mich außer Rand und Band. Das Essen schmeckte sehr gut. Ich dankte dem lieben Gott und wollte mehr davon, aber die Mutter hielt mich zurück. „Das ist noch nicht alles gewesen", sagte sie und stellte etwas Rundes mit kleinen Kerzerln, die alle brannten, auf den Tisch. Sie meinte, es wäre mein Geburtstag und dies sei eine Torte, die ganz allein mir gehörte, und ich sollte die Kerzen ausblasen.

„Torte? Das ist bestimmt nichts zum Essen, so schmutzig, wie sie aussieht. Es ist ja alles verschmiert. Tante Anna hat noch nie so einen verschmierten Reindling gebacken. Und wozu brennen die Kerzen bei hellichtem Tag, wo man sie so nötig für die Nacht braucht?" dachte ich. Tante Anna kam mir zu Hilfe und unterbrach mein ratloses Sinnen: „Wollen wir gemeinsam probieren, ja?" Mutter und Vater konnten ja nicht wissen, daß ich noch nie eine Torte gesehen hatte.

Also, die sogenannte Torte hatte gut geschmeckt, nur ich hatte beide Hände verschmiert, und die mußte ich wieder waschen. Dann fiel mir ein, daß mir der Vater versprochen hatte, wieder die Haserln streicheln zu dürfen – und er hielt sein Wort. Hier unten in der Holzhütte fühlte ich mich wohler als oben in der Küche. Auf einmal wurde ich sehr unruhig: „Hab' schon alles gesehen, es ist nichts mehr Neues . . ."

Aber komischerweise wollte der Vater noch bei den Haserln bleiben, und allein ließ er mich nicht gehen. Endlich gingen wir doch, ich lief die Stiegen hinauf, ich hatte es plötzlich so eilig, als fürchtete ich, etwas zu versäumen. Der Vater kam nach. Ich hatte einen sechsten Sinn, meine Eile war nicht unbegründet. Tante Anna war nicht mehr da – nicht in der Wohnung, nicht auf dem Klo. Ich suchte alle Winkel ab und rief laut nach ihr. Doch alles war umsonst. Inzwischen war es schon Abend geworden. Ich weinte und tobte. Die Mutter drohte mir mit dem Pracker, wenn ich nicht augenblicklich still sei.

Vater saß bei Tisch. Er verstand mein Kinderherz. Er drückte mich an sich, strich über meinen Kopf und erklärte mir ganz ruhig, daß die Tante ja heim mußte, Ziegen füttern und melken, und morgen komme sie wieder. Es war eine Lüge, aber der Mann sah keinen anderen Ausweg. Ich wußte ja nicht, daß das Kind auf diese Weise zu seiner Mutter gebracht werden mußte. Hier war meine Mutter, hier war mein Stiefvater, und hier sollte mein Elternhaus sein. Aber es war es nicht, und es wurde es auch nicht. Es war nur eine Arbeitsstelle, wo ich um Gnadenbrot arbeitete.

Die Mutter zog mich mit ihren alten Kleidern, die sie umgenäht hatte, an. Das erste Mal in meinem Leben trug ich auch Höschen. Meine Schlafstelle war unter dem Joch. Ein Dachziegel wurde herausgenommen, und eine Glasscheibe ersetzte das Fenster. Im Sommer war es schrecklich heiß, und mein Bett war voller Flöhe. Zeigte aber das Thermometer fünfzehn Grad unter Null, so durfte ich meinen Strohsack in die Küche unter die Vogelhäuser legen.

Der Dank für das Schlafen im Warmen war, daß ich um sechs Uhr aufstehen und einen Kukuruzsterz zum Frühstück kochen mußte. Vater ging um Viertel sieben zur Arbeit. Er war als Gatterist im Sägewerk angestellt. Meinen Strohsack mußte ich jeden Tag wieder hinauftragen und aufräumen. Ich durfte vom Sterz nur essen, wenn genug da war, sonst hätte Mutter kein Frühstück gehabt. Sie ging immer sehr spät schlafen, da sie unten im Lokal aushalf und die Fremdenzimmer über hatte. Deswegen blieb sie auch morgens länger im Bett. Um acht Uhr mußte ich in der Schule sein.

In der Schule hatte ich einen sehr netten Lehrer, aber es gab trotzdem Schwierigkeiten. Erstens verstand ich den südsteirischen Dialekt nicht, und zweitens mischte ich so viele slowenische Wörter dazwischen, daß er einmal sehr böse wurde und sagte: „Du gehörst hinüber", und er zeigte mit der Hand durchs Fenster zum Berg, hinter dem Österreich lag. Als mich die Mutter in der Schule angemeldet hatte, war aus meinen Taufschein ersichtlich, daß ich in Österreich geboren war. Die Worte des Lehrers trafen mich sehr, mein Herz tat weh.

Als die Schule aus war, ging ich nicht heim, sondern in den naheliegenden Wald. Hier konnte ich nach Herzenslust weinen, es sah mich ja niemand. Meine Gedanken flogen zu Tante Anna und den guten Onkel Hansi: „Wenn ich nur wüßte, von welcher Seite wir mit dem Zug gekommen sind. Ich möchte entlang der Schienen gehen, und so könnte ich ganz bestimmt zu Tante Anna gehen." Dann kam mir ein weiterer Gedanke, am besten den Eisenbahner am Bahnhof zu fragen; er würde schon wissen in welcher Richtung Prevali liege. „Gleich morgen will ich das tun", nahm ich mir vor.

Doch daraus wurde nichts, mein Plan scheiterte. Ein Mann stand plötzlich vor mir und führte mich nach Hause. Von seiten der Mutter gab es ein Donnerwetter und Schläge. Auch eine andere Strafe folgte, die schon an der Tagesordnung war: Ich bekam für den nächsten Schultag keine Jause mit. Aber das war ich schon gewöhnt. Ich mußte dann immer zuschauen, wie die anderen Kinder in der Pause ihr Jausenbrot aßen. Meine Augen wurden dann immer feucht, und ich schluckte.

Auch mit den Mahlzeiten war es eine Katastrophe: Bei Tante Anna hatte ich essen können, wann ich wollte. Doch Mutter schrie mich nur an: „Wenn du jetzt nicht essen tust, später kriegst nichts mehr!" So durfte ich nur zu den Mahlzeiten essen. Hatte ich aber schon früher großen Hunger, dann mußte ich die Hände falten, wie zum Gebet, und um ein Stück Brot bitten. Aber auch dann bekam ich es nicht immer.

Onkel Hansi kam sehr selten zu Besuch, aber wenn er kam, war es ein Festtag. An so einem Tag war die Mutter zu mir sehr lieb und fragte immer wieder, ob ich wohl keinen Hunger hätte und ob ich mich auch wohlfühle. Mit dieser Fürsorge war Onkel Hansi sehr zufrieden, und ich wagte kaum, nach Tante Anna zu fragen. Sie wurde von mir ferngehalten, mit der Begründung, sie hätte mich falsch erzogen.

Am 15. September 1939 wurde ich schon vierzehn Jahre alt, aber die achte Klasse Volksschule hatte ich noch immer nicht hinter mir. Ich hatte wegen Sprachschwierigkeiten die dritte Klasse wiederholen müssen.

Meine Kindheit verwandelte sich langsam ins Mädchenalter. Als meine Brüste zu schwellen begannen, versuchte ich, sie zu verstecken. In meinen Ohren klang noch immer die sehr energische Stimme meiner Mutter, wie sie zu jemandem sagte: „Sollt' ich einmal was bemerken, ich bring sie um!" Was sie bemerken sollte, wußte ich nicht, aber es hat mir gegolten.

Dann kam eines Tages eine noch größere Katastrophe: Ich bekam meine Regel und stand ratlos da. Mein erster Gedanke war: „Aha, jetzt bringt mich die Mutter um." Ich ging auf die Toilette, versperrte die Tür und ließ niemanden herein. Nach einer Weile – aus dem Lokal hatten sich schon ein paar Leute, die alle hineinwollten, angesammelt – wurde draußen am Fenster eine Leiter hochgeschoben, und ich sah Vater ins Gesicht. Er redete mir gut zu, ich sollte die Tür aufmachen. Aber das half nichts. Ich meinte weinend, die Mutter würde mich umbringen, und außerdem: „Ich werde sowieso sterben!"

Nun wurde die Mutter gerufen. Die wollte aber in erster Linie durch die geschlossene Tür hören, was ich angestellt hätte. Da hörte ich die Stimme des „Vaters", sie war scharf gegen die Mutter. Ich faßte allen Mut und öffnete die Tür. Mutter hatte schon die Hand erhoben, um mir eine runterzuhauen, doch Vater schob sie zur Seite, nahm mich bei den Schultern und führte mich in die Wohnung.

An diesem Abend gab es Streit. Vater gab der Mutter alle Schuld, da es ihre Pflicht gewesen wäre, mich auf diesen Tag vorzubereiten. Nun gut, ich überlebte diesen Tag. Es folgte aber keine weitere Erklärung. Nur soviel, daß ich von jetzt an jeden Monat solche Tage haben würde. Wieso und wozu sagte man mir nicht. Doch eine Frage getraute ich mich

doch zu stellen: „Ein ganzes Leben lang?" Mutters
Antwort war nur: „Ja!" Das Leben war für mich voller Wunder, doch von Mutter konnte ich keine Erklärungen oder Belehrungen erwarten, nur Beschimpfungen und Schläge. Auf alle meine Fragen – und
ich hatte so viele – erhielt ich von Mutter nur eine
Antwort: „Bist noch zu jung."

Wenn ich einen ganz bestimmten Jungen sah,
machte mein Herz einen Hupfer und schlug viel
schneller. Ich konnte mir nicht erklären, was das
war. Mutter zu fragen, traute ich mich nicht, also zog
ich Vater zu Rate. Er wußte für alles eine ruhige und
verständnisvolle Antwort: „Aber Mädchen, das ist
Liebe. Du siehst den Jungen gern und hast ihn
gern."

Ich schaute ihn voll Entsetzen an und bat ihn, davon ja nichts der Mutter zu erzählen. Dieser Junge
war zwei Jahre älter als ich, hieß Andreas und war
mein Schulkollege gewesen. Er verschwand dann
für einige Zeit. Auf dem Draufluß wurden Flöße mit
Holz transportiert, er fuhr mit.

„Sie kam regelmäßig am Ersten des Monats und kassierte"

Der letzte Schultag war gekommen. Ein letztes Mal
saß ich in der Bank und hörte dem Lehrer zu, der
von Abschied sprach. Abschied von einem Lebensweg, wo uns Lehrer, Eltern und Mitschüler zur Seite
gestanden hatten. Ab heute stünden uns sehr viele
Wege zur Verfügung, welche wir selber wählen

müßten. Er wünschte uns, daß wir den richtigen Weg für unser zukünftiges Leben finden würden.

„Laßt es nicht Abend werden, bevor es nicht Morgen war!" – mit dieser Mahnung konnte ich nicht viel anfangen, es mußte aber etwas Geheimnisvolles sein, mir wurde plötzlich im Hals so eng, mein Kinn zitterte, und Tränen verschleierten mir die Sicht.

Eine Hand legte sich auf meine Schultern, und eine liebe, bekannte Stimme drang an mein Ohr: „Ludmilla!" Ich sah auf, und vor mir stand mein über alles geliebter Lebensretter, Onkel Hansi. Schluchzend klammerte ich mich an ihn. Er konnte ja nicht wissen, daß mir die Schule so viel bedeutet hatte. Hier war ich vor den Beschimpfungen der Mutter sicher; vor allem aber vor der vielen Arbeit, die sie mir immer nach der Schule aufgebürdet hatte: Täglich mußte ich in den Fremdenzimmern knieend die Böden reiben, die Fenster putzen, mit der Waschrumpel im Holztrog die Wäsche waschen, im Garten Unkraut jäten . . .

Vom Spielen war keine Rede. Erst wenn alle Arbeit getan war, durfte ich die Hausaufgaben machen. Vor Müdigkeit fehlte mir jede Konzentration zum Lernen. Da nahm meine Mutter wütend ein Messer in die Hand, erhob es gegen mich und sagte: „Du Bankert, verfluchter, ich stich dich gleich ab!" Aus Angst, abgestochen zu werden, nahm ich alle Kraft zusammen, um die Aufgaben zu machen.

Das Schultor schloß sich für immer hinter mir. Es war schön, in Onkel Hansis Obhut heimzugehen. Daheim gab es heftige Auseinandersetzungen zwischen meiner Mutter und ihrem Bruder. Ich wäre so gern als Näherin oder Köchin in die Lehre gegangen, aber Mutter hatte für mich kein Geld übrig, und ich mußte sofort arbeiten gehen.

Meine erste Stelle war die eines Kindermädchens für drei Kinder. Es waren ein Säugling, ein Mädchen mit vier Jahren und ein Bub, der schon zur Schule ging. Das Mädchen hieß Ute, war sehr krank und litt an einem Tumor im Kopf. Es hieß, daß es keine Hilfe gäbe. Obwohl es hier ein Dienstbotenzimmer gab, mußte ich jeden Abend zum Schlafen heimgehen. So hatte es meine Mutter befohlen. Der Weg führte knapp eine Viertelstunde den Waldrand entlang. Jeden Abend, eine Woche lang, hatte ich einen Begleiter, der nicht mit mir ging, sondern flog. Es war ein Kauz. So, wie ich mich fortbewegte, so flog er von Baum zu Baum und schrie fürchterlich. Ich hatte panische Angst.

Zu Hause erzählte ich davon der Mutter, die mir aber nicht glaubte. Da erklärte sich der Vater bereit, mich jeden Abend abzuholen, aber das ließ wieder die Mutter nicht zu. Warum? Das erfuhr ich erst später: Sie war eifersüchtig. Ein paar Tage danach, es war sechs Uhr abends, als ich gerade das Fenster schließen wollte, flatterte auf den Zaun, der zwei oder drei Meter vom Fenster entfernt war, mit einem Geschrei der Kauz. Stunden später erfuhren meine Herrschaften, daß ihre Tochter zur selben Zeit, als der Kauz geflattert war, gestorben sei. Seit dieser Zeit hatte ich keinen abendlichen Begleiter mehr.

Das Erlebnis mit dem Kauz hatte mehr auf sich: Eines Tages kam ein Herr. Ich erfuhr nie, wer er war. Er stellte sehr viele Fragen. Da kamen meine Kindheitserinnerungen, als ich noch bei Tante Anna war.

Ich wußte immer, wenn wer sterben würde. Und das kam so:

Aus Kastanienblättern hatte ich einen Kranz geflochten. Auf die Frage „Was machst du da?" antwortete ich: „Einen Kranz für die Nana, die wird sterben." Und sie starb wirklich. Als Onkel Matthias starb, sah ich, wie sich die Tür öffnete und wieder schloß. Eine Frau, die hochschwanger war, wurde in den Abendstunden auf dem Feld, wo sie Erdäpfel gestohlen hatte, erschossen. Ich sah sie zwei Tage später am Abend, wie sie vor dem Haus saß und ihr Kind stillte, das am Leben geblieben war. Der feine Herr machte über mein Gesicht eine Handbewegung wie ein Kreuz und sagte, ich hätte Eingebungen von oben und den sechsten Sinn.

Aus einer Laune der Mutter heraus mußte ich die Arbeitsstelle wechseln. Wieviel mein Verdienst betragen hatte, weiß ich nicht, die Mutter hatte immer kassiert. Mein neuer Arbeitsplatz war zwanzig Kilometer von zu Hause entfernt. Hier war der Haushalt zu versorgen, ferner eine große Turnhalle mit vier Sägespanöfen zu beheizen. Um drei Uhr früh ging ich halb verschafen in den Keller und stopfte die Öfen, danach half mir der Chef, sie in die Halle zu tragen.

Dieses Dienstverhältnis dauerte nur zwei Monate. Man beschuldigte mich, zwei Dinar gestohlen zu haben. Als ich heimkam, versetzte mir die Mutter in die Lebergegend mit der Faust einen heftigen Stoß, der mir den Atem nahm, und ich sank zu Boden. Darauf war die Mutter so erschrocken, daß sie gleich in den Draufluß springen wollte. Ich raffte mich auf und hielt sie beim Zipfel des Kleides zurück.

Danach mußte sie ins Bett – mit einem Nervenzusammenbruch. Als Vater zum Mittagessen kam, lag
sie im Bett. Auf die Frage, ob sie krank sei, antwortete sie, sie wollte in die Drau. Vater lächelte nur und
fragte: „Warum bist denn nicht gegangen?"

Mein Bett war wieder der Strohsack auf dem Boden in der Küche. Und mein Essen war ein Gnadenbrot, bis Mutter wieder eine Arbeitsstelle für mich
fand. Sie war nur fünf Kilometer von zu Hause entfernt, und wieder verhandelte sie selbst mit der
Herrschaft über mich und meinen Lohn – den ich
nie sah: Sie kam regelmäßig am Ersten des Monats
und kassierte. Für mein Geld kaufte sie sich neue
Kleider; ich bekam immer nur ihre alten, die umgenäht wurden.

Mein neuer Arbeitsplatz bestand aus einem Gasthaus, einem Sägewerk und Ställen mit zwei Zug-
pferden, drei Kühen, ein paar Schweinen und Hüh-
nern. Der Arbeitstag begann um halb sechs Uhr. Ein
vier Liter fassendes Reindel mit Türkensterz und
Milch mußte dem Sägemeister, seinen Gehilfen und
den Stallburschen zum Frühstück auf den Tisch gestellt werden. Dann wurden die zwei Gästezimmer
aufgeräumt. Danach ging's in die Küche; nach dem
Mittagessen in den Wald.

Von hoch oben wurden die meterlangen Holz-
scheiter in einer Rinne heruntergelassen. Unten am
Straßenrand mußte unsere brave Stute – sie hieß
Lisa – das Holz wegführen. Einmal stolperte sie, fiel
hin und rollte auf die harte Steinstraße. Aufstehen
konnte sie nicht mehr. Wir alle weinten um sie. Mit
Nachbarshilfe wurde die Lisa auf einen Wagen geladen und heimgebracht. Tagelang lag sie im Stall. Der

Arzt stellte dann innere Verletzungen fest, sie mußte erschossen werden.

„Ich fahre nach Wien, und Wien ist Österreich!"

Die Hitlerfront rückte immer näher. Die Männer, die tauglich waren, mußten einrücken, die Frauen übernahmen ihre Arbeit. Das Sägewerk wurde stillgelegt, der Stall war ohne Burschen. So mußte ich um drei Uhr früh aufstehen, das eine Roß, das uns noch geblieben war, füttern und putzen, Kühe melken, Schweine füttern – alle Tiere brauchten Futter und Pflege, es wurde mir langsam zuviel. Ich war schon so übermüdet, daß ich in der Früh keinen Wecker mehr hörte. Da brüllten dann die Tiere vor Hunger, und der Chef zog mich an den Haaren aus dem Bett.

Es war zu Ostern, April 1941. Tag für Tag marschierten mehr Soldaten durch die Ortschaft. Sie wurden hier einquartiert. In unserem Heustadel hatten sich Serben einquartiert, sie warteten auf die Hitlertruppen, um gegen sie zu kämpfen. Unter der Bevölkerung bildete sich ein großes Mißverständnis: Die alten Menschen glaubten, sie kämen wieder zu Österreich, und es herrschte große Freude.

Die meisten wollten gar nicht in die Bunker, sie wollten die österreichischen Soldaten mit offenen Armen empfangen. Ich kümmerte mich nie um Politik, las keine Zeitung, hörte kein Radio. Ich wußte nur das eine: Hinter dem Berg wird deutsch gesprochen, und die deutsche Sprache bedeutete für mich, wie für viele arme, gewöhnliche Menschen, Österreich. Später war die Enttäuschung so groß, daß viele in den Wald flüchteten und zu Partisanen wurden, um die Heimat zu verteidigen.

In unserer Ortschaft fanden keine Kämpfe statt. Die Serben hatten alle Brücken in die Luft gesprengt und waren dann abgezogen. Auf einmal war alles ruhig. Langsam krochen wir aus unserem Versteck. Mein Chef stotterte ein wenig, er war so aufgeregt, daß man ihn überhaupt nicht verstand. Er wollte mir begreiflich machen, daß ich die Gewehre, die die Serben auf dem Dachboden liegengelassen hatten, beim Fenster hinunterwerfen sollte, er würde sie dann im Graben, der hinter dem Sägewerk lag, verstecken.

In einer Zeltplane lagen sechs lange Schießprügel. Ich nahm sie und trug sie die Stiegen hinunter. Da kamen mir schon am Eingangstor deutsche Soldaten entgegen. Ich grüßte recht freundlich „Guten Tag" und legte einem der Soldaten das große, schwere Bündel in die Arme. Zuerst schaute er mich verdutzt an, dann aber warf er das Bündel zu Boden, hob die rechte Hand und grüßte „Heil Hitler!"

Das Wort „Heil" bedeutete für mich „gesund", und so lächelte ich ihm entgegen: „Ah, das freut mich aber, euch gesund zu sehen." In der Tür standen mehrere Soldaten, die in lautes Gelächter ausbrachen. Da unterbrach eine tiefe, scharfe Stimme das Lachen: „Ein Reich – ein Volk – ein Führer!" Oder war das umgekehrt? Heute weiß ich es nicht mehr. Die Soldaten drehten sich wie auf Kommando um, erhoben die Hand und schrieen: „Heil Hitler!"

In der Bevölkerung brach große Unruhe aus. Wir mußten alle in ein großes Gebäude. Hier wurden unsere Dokumente geprüft. In den folgenden Tagen und Wochen wurden mehrere Familien auf Lastwagen geladen und weggebracht. Wir wußten nicht wohin. An den Häusern waren lange Listen angebracht: „Achtung, an alle Volksdeutschen! Erschossen:" – und dann folgten Namen.

Ich hatte alle Hände voll zu tun. Oft wurde ich zum Dolmetschen gerufen, und beim Bund deutscher Mädchen war ich als Stellvertreterin eingesetzt. Zweimal in der Woche standen für die Jugendlichen Turnen, Marschieren und Singen auf dem Programm. Ich fand das herrlich, da ich sonst so wenig Freude hatte. Mein Chef war dagegen und ließ mich ein paarmal nicht gehen. Wenn ich gegen seine Erlaubnis ging und er es merkte, bekam ich ein paar Ohrfeigen.

Aber die Gruppenführerin war mit dem Ausbleiben auch nicht zufrieden. Mein Chef bekam dann einen Brief. Was darin geschrieben war, hab' ich nie erfahren. An diesem Tag verschwand der Chef in den Wald zu den Partisanen. Meine Mutter holte mich dann von dort weg und brachte mich zum Kochenlernen in die Bahnhofsrestauration. Ich hatte alle möglichen Arbeiten zu verrichten – vom Kochenlernen war keine Rede.

Nach dem Hitlergesetz mußten meine Jahrgänge zum Arbeitsdienst, doch davon blieb ich verschont. Mein einstiger und jetziger Chef – ich war schon als Kindermädchen bei ihm gewesen, ihm gehörte auch der Gasthof – sah mir zu, wie ich mich mit einer schweren Waage plagte. Er legte Hand an und half mir, sie hereinzutragen.

Ohne mein Wissen ging er zu meiner Mutter und sprach mit ihr, daß ich in Kürze zum Arbeitsdienst eingezogen werden würde. Anscheinend wußte er, daß ich im Leben noch nicht viel Gutes gehabt hatte. Da wollte er noch Schlimmeres verhindern und verschaffte mir eine private Stelle bei Bekannten in Wien.

„Wer wird mir Glück wünschen – so weit in die Welt hinaus? Meine Mutter ganz bestimmt nicht. Wer gibt mir gute Ratschläge?" Solche Gedanken gingen durch meinen Kopf. Ich hatte noch nie eine so große Stadt wie Wien gesehen, geschweige denn darin gelebt. Aber es gab hier eine Frau, zu der ich mehr Vertrauen hatte als zur eigenen Mutter. Es war die Mama meines einstigen Schulkollegen Andreas, den ich so gern gesehen hatte. Er arbeitete schon seit Anfang der Hitlerzeit in Wiener Neudorf in den Flugzeugwerken.

Seine Mutter hatte mich sehr gemocht. Sie war diejenige, die mich an sich gedrückt, über Kopf und Wange gestreichelt hatte. Damals wünschte ich mir, das hätte meine Mutter getan, doch das tat sie nie. Ich sehnte mich so sehr nach solchen Liebkosungen. Das Herz tat mir weh, wenn ich zusah, wie lieb andere Mütter ihre Kinder hatten.

Von dem Tag an, an dem ich nach Wien fuhr, hatte ich meine Mama gefunden. Sie versprach mir, mich bald zu besuchen, und der Andreas würde auch kommen. Am Abschiedstag jubelte mein Herz: „Ich fahre nach Wien, und Wien ist Österreich!"

„Na, daß es sowas gab,
spazierengehen,
ohne daß jemand schimpfte!"

Dezember 1942: Ein fremder Mann fuhr mit mir neun Stunden lang im Personenzug nach Wien. Um Mitternacht kamen wir am Südbahnhof an. Hier wurde ich wieder einem anderen Mann übergeben: Es war Direktor Unterreiner, mein neuer Chef.

Meine Mutter hatte vorgehabt, weiterhin mein Gehalt zu kassieren. Aber da hatte sie sich in den Finger geschnitten. Meine Gnädige gab ihr zu verstehen, daß es damit zu Ende war. Mein monatliches Gehalt betrug achtzehn Reichsmark, die auf einem Sparbuch angelegt wurden.

Taschengeld – ich hatte zum ersten Mal in meinem Leben welches in der Hand – bekam ich von Gästen, die einmal wöchentlich zum Abendessen waren. Hier hatte ich es zum ersten Mal in meinem Leben schön. Zu Weihnachten bekam ich ein wunderschönes, weinrotes Kleid mit einer Brosche und Unterwäsche – auch einen Büstenhalter, da ich bis jetzt noch keinen gehabt hatte.

Als Jugendliche brauchte ich keine schwere Arbeit zu verrichten. Einmal in der Woche kam eine Frau, um die Küche sauber zu machen; ein Mann zum Teppichklopfen und Fensterscheibenwaschen. Jede vierte Woche kam die Wäschefrau, die dann auf dem Dachboden, wo eine Waschküche mit einem eingemauerten Kupferkessel war, den ganzen Tag am Holztrog mit der Rumpel Wäsche wusch. Ich brauchte nur die Wohnung aufräumen, beim Kochen helfen, mit der Tochter, dem Mäderl der Chefin, spazierengehen. Alles ging in meinen Kopf – aber spazierengehen? Na, daß es sowas gab, spazierengehen, ohne daß jemand schimpfte!

Oft durfte ich mit der Herrschaft ins Kino oder ins Konzert, vorher aber machte mich die Gnädige immer ganz fein. Am Samstag durfte ich ganz allein ausgehen, von fünfzehn bis siebzehn Uhr. Doch wehe ich kam fünf Minuten zu spät! Zur Strafe hatte ich am nächsten Samstag keinen Ausgang. Das machte mir aber nichts aus. Ich hatte Hausarbeit genug. Soweit wäre ja alles wunderbar gewesen. Ich hatte in meinem Zimmer, das neben der Küche lag, sogar ein eigenes Radio. Sogar der Andreas durfte mich besuchen. Auch seine Mama war gekommen, aber sie kam, um von ihrem Sohn Abschied zu nehmen. Ja, der Andreas war in eine Uniform gesteckt worden und mußte an die Front. Später wurde er als vermißt gemeldet.

Was mir furchtbar auf die Nerven ging: die Hand heben und „Heil Hitler!" grüßen. Einmal hielt ich es nicht mehr aus und fragte meine Gnädige: „Ist er noch immer nicht gesund?" Sie sah mich dumm an, noch dümmer als ich es selber war. „Wer ist krank und noch immer nicht gesund?" fragte sie. „Naja, der Hitler, weil man immer ‚Heil' sagen muß", gab ich besorgt die Antwort. Oje, da wurde sie aber böse: Das sei der Deutsche Gruß, und Hitler sei unser Führer. Und außerdem, es gäbe kein Österreich mehr, sondern nur das Deutsche Reich. Und ich solle mir das in Zukunft merken.

Ich bat um Verzeihung, zog mich in mein Zimmer zurück und wurde nachdenklich: „Aber ich bin doch in Jugoslawien immer für eine Österreicherin gehalten worden, weil ich in Kärnten geboren war. Und auf einmal soll es kein Österreich mehr geben? Nein, das kann ich einfach nicht glauben!"

Ich war freilich dumm – eine Unschuld vom Lande und schwer von Begriff –, aber von nun an wußte ich: „Hitler ist mein Feind! Feind für die ganze Welt! Und wer ist dieser Mensch, mit solcher Macht, daß er einen Staat einfach streichen kann!"

Jeden Tag heulten die Sirenen, wir mußten in den Luftschutzkeller, und am Himmel kreisten brummend die Flugzeuge. In Liesing war aus meiner Ortschaft ein Mädchen, sie war vier Jahre älter als ich. Sie kam hie und da zu Besuch. Sie heißt Toni Grum und wohnt heute in Marburg. Wir sprachen über dieses Deutsche Reich. Sie wußte über die ganze Situation besser Bescheid als ich und bat mich, ja nichts Böses zu äußern, ansonsten könnte mir etwas passieren, zum Beispiel, daß sie mich in ein Konzentrationslager abführten. „Nur abwarten", sagte sie, „der Krieg ist bald aus, und dann gibt es wieder ein Österreich."

Jedes Jahr fuhren meine Herrschaften ins Mühlviertel auf Urlaub. Auch ich fuhr mit. Hier war ein großer Bauernhof. Was die Mahlzeiten betraf, war vom Krieg nichts zu spüren. Es gab sehr viel, das man in der Stadt nicht hatte.

Jedes zweite Haus hatte einen Kriegsgefangenen als Arbeiter. Es waren hauptsächlich Mädchen aus der Ukraine, aus Polen und auch ein Mann. Er war Franzose. Mir wurde der Kontakt mit den Mädchen verboten. Warum, wußte ich nicht. Aber es gelang mir doch, mit einer zu sprechen, beim Kirchgang.

Ich sprach sie an. Sie erzählte mir, daß sie von der deutschen Wehrmacht mit vielen anderen einfach in den Zug gesetzt und hierher gebracht worden wäre. Sie hätte so großes Heimweh, und dann fing sie zu weinen an. Heimweh, das kannte ich nicht. Ich hatte ja noch nie eine Heimat oder ein Elternhaus wie andere Kinder gehabt.

Im Juli 1943 kamen wir aus dem Urlaub zurück. Die Gnädige bekam einen Brief von meiner Mutter. Sie schrieb, daß ich eine Schwester oder einen Bruder bekommen würde, und die Gnädige sollte mir für Anfang August Urlaub geben. Freude hatte die Gnädige keine, aber am 1. August durfte ich fahren. Am 4. August gebar meine Mutter ein Mädchen.

Die Hebamme gab mir Anweisungen zur Pflege für die Mutter und das Kind. Ich pflegte sie beide. Mein Nachtlager war wieder auf dem Boden neben dem Kinderkorb. An Schlaf war nicht zu denken. Meine Schwester vertauschte die Nacht mit dem Tag. Sie schrie die ganze Nacht durch. Da hielt ich es nicht mehr aus und fuhr zurück nach Wien. Leidgetan hat mir nur der Stiefvater: Er konnte diesem Problem nicht entfliehen.

„Ich sollte um achtzehn Uhr zu Hause sein, aber ich ging nicht heim"

Am 17. – oder war es der 19. Juni 1944? – hatte ich einen freien Nachmittag. Ich fuhr so gerne mit der Straßenbahn. Ich fuhr mit der Linie O bis zur Endstation Friedrich-Engels-Platz, retour zur anderen

Endstation und wieder zurück. Auf einmal gab es Fliegeralarm. Gleichzeitig waren die Bomber auch schon über uns. Die Menschen flohen von der Straße in die nächstgelegenen Luftschutzbunker. Es war aber auch ein Kornfeld in der Nähe, und von dort rief ein Soldat, der einen kleinen Koffer bei sich hatte: „Hierher, hierher, in den Straßengraben!" Ich folgte seinem Ruf.

Wir preßten uns zwischen Straße und Kornfeld an die Erde. Er hielt seinen Koffer über unsere beiden Köpfe. Schon pfiffen die ersten Bomben. Im Kornfeld „raspelte" es so komisch, und ich fragte den Soldaten, ob denn da die Hasen herumhüpften. „Es sind die Splitter, die herunterfallen", gab er zur Antwort.

Es war ganz furchtbar. Von überall her wurde nach den Flugzeugen geschossen. Und auf einmal wurde eines getroffen. Es begann zu rauchen, drehte sich kopfüber ein paarmal um die eigene Achse, und dann stürzte es zu Boden. Als alles vorüber war, glaubte ich, ein paar Jahre älter geworden zu sein. Mir war alles eins. Ich sollte um achtzehn Uhr zu Hause sein, aber ich ging nicht heim.

Der Soldat, der mich im Straßengraben beschützt hatte, mußte zum Ostbahnhof. Er hatte Genesungsurlaub und wollte nach Hause, nach Mannersdorf an der Leitha. Ich begleitete ihn zum Bahnhof. Unterwegs erzählte er mir, daß er an der russischen Front verwundet worden war. Zur Zeit liege er in einem Lazarett im dreizehnten Bezirk. Er hieß übrigens Josef Hirschböck. Seine Mutter war Wienerin, und auch er war in Wien geboren. Er hatte noch zwei Brüder und eine kleine Stiefschwester.

Es gab noch keinen Zug, der nach Bruck an der Leitha fuhr. So saßen wir auf den harten Holzbänken in der Wartehalle. Sie war gedroschen voll von Wehrmacht. Hie und da nahm ein Mädchen von ihrem Geliebten Abschied.

Wie spät es war, weiß ich nicht mehr, aber es muß schon gegen Mitternacht gewesen sein, als eine Streife kam. Sie kontrollierte die Soldaten. Auch ich kam an die Reihe, konnte mich aber nicht ausweisen, da ich kein Dokument bei mir hatte. Ich mußte in die Bahnhofsdirektion und wurde bis in der Früh dort angehalten.

Inzwischen telephonierte einer von der Streife mit meinen Herrschaften, und dann durfte ich heim. Daheim verpaßte mir die Gnädige zuallererst zwei Ohrfeigen, dann mußte ich meinen Koffer packen. Der Herr Direktor führte mich aufs Arbeitsamt, dort wurde ich einfach zur Verfügung gestellt. Er selbst bekam ein Mädchen aus der Ukraine, die am Ende des Krieges alles stahl.

Ich bekam wieder eine Haushaltsarbeit, im zweiten Bezirk bei Professor Hermann. Sie hatten drei Kinder. Der Hans, er war sechzehn Jahre alt, wurde eingezogen, um Schützengräben auszuheben. Einmal kam er für drei Tage heim – er war voller Läuse. Hier hatte ich, nach dem Gesetz für Jugendliche, mehr Freizeit. Ich durfte abends allein ausgehen, und das war schlecht. Mein Weg führte in den Prater. Ich machte viele Männerbekanntschaften und lernte auch „leichte Mädchen" kennen, die mit jedem Soldaten ins Gebüsch gingen. Aber dafür war ich nicht zu haben. Es war mir ja das „Wehe!" eingeprägt – für immer und ewig.

„Ich werde Mutter und bin sehr stolz darauf"

Als ich einmal den Josef Hirschböck im Prater traf,
erzählte ich ihm, daß ich eine andere Stelle hatte. Er
gefiel mir sehr gut. Ich glaube, wir hatten uns inein-
ander verliebt, und wir verstanden uns in allen Be-
ziehungen. Ich wußte auch, daß er mit seiner Kriegsverwundung nicht mehr an die Front mußte. Außerdem war er Österreicher, und sein Zuhause war
nicht weit weg. Mit unseren Rendezvous hatten wir
immer Pech. Fliegeralarm war schon an der Tagesordnung: Großangriffe.

Die Wienerstadt wurde täglich bombardiert, die
Praterstraße lag in Trümmern. Wir verbrachten mehr
Zeit im Luftschutzkeller als in der Wohnung. Wenn
wir aus dem Keller zu unserem Mittagessen, das
schon auf dem Tisch stand, zurückkehrten, war es
voller Glassplitter – von den Fensterscheiben. Auf
der Straße war alles voll Gasgestank aus den bom-
bardierten Häusern. Ein großes Trichterloch wurde
eingezäunt, hier sollte ein Blindgänger liegen.

Josef war bei meinen Herrschaften ein willkom-
mener Gast. Er verstand sich mit dem Professor
prächtig: Er war sein Patient im Lazarett. Oft tran-
ken sie miteinander ein Stamperl, dabei scherzten
sie: Der Professor trank auf meine Verlobung.

Es hatte aber gar keine stattgefunden. Doch ich
konnte ein Geheimnis offenbaren – der Professor
freute sich sehr, der Josef weniger: „Ich werde Mutter und bin sehr stolz darauf. Das ist dein Werk, Josef." Und ich hob auch mein Stamperl. Der Josef wäre beinahe vom Stuhl gefallen, zumindest aber ver-
schluckte er sich. „Ja, dann werden wir ja bald

Hochzeit feiern?" fragte der Professor und schaute von einem zum anderen. „Ich gratuliere, Herr Hirschböck!"

Jetzt wurden Pläne geschmiedet. Der Josef drang darauf, ich sollte heim zu seiner Mutter ziehen. Meine Chefin wiederum war anderer Meinung: Ich sollte doch weiterhin hier bleiben. Wenn es soweit wäre, würde ihre Tochter Kaja auf das Kind schauen: „Der Krieg ist noch nicht aus, und man weiß nicht, was noch kommt. Und wer weiß, was für eine Schwiegermutter du bekommen wirst." Und zur Sicherheit soll ich zuerst einmal zu Josefs Mutter auf Besuch fahren.

Wie gesagt, so getan. Es war wieder einmal an meinem Geburtstag: Ich bekam zwei Tage frei und Josef zwei Tage Ausgang vom Lazarett. Es war schon dunkel, als wir bei ihm zu Hause ankamen. Die Mutter war über den Besuch ihres Sohnes sehr erfreut, aber nicht über das Mädchen, das ihr Sohn heimbrachte. Sie hatte nämlich schon zwei vor mir, die der Josef heimgebracht hatte, mit dem Besen davongejagt. Die Mutter liebte ihren Josef so sehr, daß sie ihn mit keiner anderen Frau teilen wollte.

Zwei Kilometer von Mannersdorf, in Orbachmühl, da war der Josef zu Hause. Im Haus hatten sie keine Elektrizität, so nahm die Frau die Petroleumlampe und leuchtete mir ins Gesicht. „Ganz hübsches Mädel, ohne daß sie nicht angeschmiert ist." Mit „angeschmiert" meinte sie wohl, daß ich nicht geschminkt war. Die Prüfung war überstanden. Ich wurde als Braut ihres Sohnes akzeptiert. Es gab hier wunderschöne Waldspaziergänge. Ich atmete die Landluft tief ein.

Der Josef wußte zu sagen, daß der Krieg bald aus wäre und daß Deutschland verlieren würde. Bis zum 1. November blieb ich in Wien bei Professor Hermann. Dann wurde der Josef in ein Lazarett nach Dresden überstellt, und ich übersiedelte zu seiner Mutter nach Mannersdorf.

„Vater nicht eingetragen"

Aller Anfang ist schwer. Und es war wieder ein neuer Anfang in meinem Leben. Wieder ein neues Zuhause. Es gab nur eine Küche und einen Schlafraum. Wir schliefen alle in diesem einen Raum. Mit dem Josef standen wir ständig in Briefkontakt. Zu Weihnachten kam Walter, Josefs Bruder, von der Front auf Urlaub. Gemeinsam schmückten wir den Christbaum, der Hannelore – sie war ein von der Familie aufgenommenes Waisenkind – zuliebe. Das Mäderl war drei Jahre alt. Sie hatte einen blonden Wuschelkopf, nannte mich Tante Milli, und wir verstanden uns prächtig.

Im Jänner 1945 fuhr ich nach Wien zum Arzt. Er fand, was meine Schwangerschaft betraf, alles in Ordnung. Ich bekam Bezugsscheine für ein Kinderbett und Wäsche. Von meinem Sparbuch hob ich zweihundert Reichsmark ab. Ein paar Tage später schrieb mir Josef, ich sollte ihm meine Dokumente schicken, es könnte eine Ferntrauung stattfinden. Das Kind sollte ehelich zur Welt kommen. Meine Dokumente bestanden aus einem kleinen, grünen Ausweis mit Photo und einem Taufschein. Darin stand „Vater nicht eingetragen" – und das war für mich der traurige Punkt.

Das Hitlergesetz verlangte einen Vater im Dokument. Ich begab mich also auf die Reise. Zuallererst fuhr ich zu meiner Mutter. Doch sie verriet mir nicht, wo mein Vater war. Sie beschimpfte mich nur, und zuallerletzt sagte sie: „Mußt du denn unbedingt den heiraten, von dem du das Kind bekommst?" Ich war sprachlos. Gerade sie als Mutter mußte froh sein, daß mich der Vater des Kindes heiraten wollte. Da raffte ich allen Mut zusammen und fragte sie in aller Ruhe: „Bitte, Mutter, sag mir eines: Warum haßt du mich so sehr? Was hab' ich dir denn getan?" Und sie schrie mit ganzer Kraft: „Du hast mir mein ganzes Leben zerstört!" Ich begriff – wenn auch nicht ganz –, und mir wurde klar: Weg, weg von hier, so schnell wie möglich.

Mein nächster Weg, die letzte Hoffnung, war zu Tante Anna. Sehr erfreut war sie nicht, als sie die Rundung meines Leibes sah. Aber sie war eine gute Zuhörerin und verstand meinen Kummer. „Eine Woche mußt du schon bei mir bleiben, bis die Antwort aus dem Pfarramt Sankt Michael in Eisenkappel kommt. Denn da, in der Kirche, wo du getauft worden bist, da, in dem Taufbuch, ist dein Vater eingetragen, das weiß ich ganz genau."

Ich sah der Tante an, daß sie ganz Feuer und Flamme war, dieses Dokument zu bekommen. Sie bat mich nur, nicht in diesem „Zustand" in die Ortschaft zu gehen. Ich begriff: „Hier ist die Zeit stehengeblieben. Es ist immer noch eine Schande, ein Kind zu bekommen, ohne verheiratet zu sein."

Tatsächlich, nach einer Woche kam ein blauer Briefumschlag mit einem großen Stempel: „Pfarramt Sankt Michael". Im Inneren des Briefumschlags war

56

die Beglaubigung, daß Franz Meier der Vater der Ludmilla Forstner war, wohnhaft in Treffen bei Villach.

Mit frohem Herzen trat ich den Heimweg an. Am Bahnhof in Podvelka stand meine Mutter. Als sie mich im Zug am Fenster sah, verlangte sie, ich sollte aussteigen. Ich winkte mit dem Briefumschlag, lächelte und sagte: „Schau Mutter, da drin hab' ich meinen Vater." Sie schrie: „Gib her, gib her, den Brief!" Die Leute, die am Bahnhof standen, und die wenigen, die im Zug saßen, wurden aufmerksam. Es entstand ein Getümmel. Gott sei Dank setzte sich der Zug in Bewegung. Erleichtert ließ ich mich auf der harten Holzbank neben dem Fenster nieder.

Am Bahnhof Marburg, wo ich in den Zug nach Wien umsteigen sollte, wurde ich plötzlich von einem deutschen Offizier zurückgehalten. Ich mußte ihm in ein Gebäude folgen. Hier war ein langer Gang mit Bänken. Links und rechts waren lauter Büroräume. Ein paarmal kamen verschiedene Soldaten zu mir – ich saß auf einer Bank – und fragten, was ich hier wollte. Ich wußte es ja selber nicht, deswegen gab ich auch keine Antwort.

Aber ein höherer Offizier wußte, warum: Meine Mutter hatte das alles veranlaßt. Sie hatte die Marburger Bahnhofstreife verständigt, sie sollten mich zurückhalten oder den Brief, in welchem sich der Name Franz Meier befand, beschlagnahmen. Doch die Herren sahen meinen Zustand, ließen sich erklären, worum es sich handelte, und ich wurde mit großer Fürsorge zurück zum Zug begleitet.

Es war Winter und sehr kalt. Im Zug war nicht geheizt. Hungrig und halb erfroren kam ich in Wien an. Draußen vor dem Südbahnhof waren Rotkreuz-baracken mit geistlichen Schwestern. Hier bekamen die Soldaten zu essen und zu trinken. Ein paar verwundete Soldaten lagen auf Tragbahren und warteten, ins Lazarett gebracht zu werden.

Hier bat auch ich um eine warme Suppe. Mir wurde etwas wohler, und ich sah mich ein wenig um: überall Ruinen! Aber die Tafeln hingen noch immer über dem Bahnhofgebäude: „Erst siegen – dann reisen" oder: „Räder müssen rollen für den Sieg".

„Auch sie wollte ihren Sohn nicht an eine Frau verlieren"

Zu Hause war schon ein Brief von Josef: Er schrieb, ich sollte die Dokumente, um zu heiraten, doch nicht schicken, er käme bald selber heim. Am 12. Februar um zehn Uhr nachts klopfte jemand ans Fenster. Josefs Vater war schwerhörig, die Mutter ebenso. Sie hörten das Klopfen nicht, aber die kleine Hannelore wurde wach und erschrak. Ich nahm sie aus dem Gitterbett auf den Arm. Gemeinsam machten wir die Haustür auf.

Draußen stand mein Josef, der uns beide in die Arme schloß. Ich zündete die Petroleumlampe an und kochte Tee. Hannelore ging wieder ins Zimmer und kroch in ihr Bettchen. Der Josef schloß mich wieder in die Arme, um mich herzlich und erfreut zu begrüßen, dann aber schob er mich etwas von sich ab, um mich genauer zu betrachten: „Laß dich anschau'n, du junge Mutti, ganz schön rund!" stellte er fest und nahm mich erneut in die Arme. In unserer Umarmung bemerkten wir die Mutter nicht, die ihren Kopf durch die Tür gesteckt hatte. Erst als sie ausrief: „Josef!" fuhren wir auseinander wie zwei Kinder, die bei etwas Verbotenem ertappt wurden.

Sie schickte mich auch gleich ins Zimmer, sie wollte mit ihrem Sohn allein sprechen. Ich lag wieder in meinem Bett, aber die Ohren wie die Augen hielt ich offen. Was ich da zu hören bekam, war alles gegen mich: Ich sei keine Frau für ihren geliebten Sohn. Ich wäre eine Slawin, eine Kommunistin, eine Dahergelaufene, und ich tauge zu nichts. Also – wieder einmal eine Mutter. Ich hörte auch Josefs Worte, wie er mich zu verteidigen suchte und daß er mich liebte. Doch das hat alles nichts genützt – wie sich später herausstellen sollte.

In den nächsten Tagen mußte Josef nach Wien zur Heeresentlassungsstelle. Er wurde als für die deutsche Wehrmacht untauglich erklärt und entlassen. Was nun? Außer Ruinen – die die Bomben verursacht hatten – wegräumen gab es keine Arbeit. Josefs Kriegsverwundung war ein Durchschuß des rechten Oberarmes. Schwere Arbeit zu leisten, war ihm nicht möglich.

Die Luftangriffe wurden immer häufiger, und wir gingen mit unseren Bündeln in den Bunker. Sie waren von den Deutschen in einen Hügel am Waldrand gegraben. Oben darauf hatten sie ihre Maschinengewehre aufgestellt.

Für mich wurde der Weg in den Bunker immer schwieriger. Oft stützte mich Josef. Das war aber seiner Mutter nicht recht. Eines Abends, es war Ende Februar 1945, spazierten wir zwei langsam die

Straße entlang. Der Himmel war klar. Als ich empor-schaute, sah ich drei Sterne. Einer in der Mitte war kleiner als die anderen zwei. Just in dem Augenblick fiel der kleine Stern herunter. Ich erschrak und schaute zum Josef: „Hast du es gesehen? Das kleine Sterndl ist heruntergefallen. Es war wie ein Kind in der Mitte. Vater und Mutter sind noch da." Ich wur-de traurig und nachdenklich. „Aber Milli, du spinnst doch!" antwortete er. Ein Kauz schrie auf, und mir wurde so ängstlich zumute wie damals, als Ute starb.

Josef bemerkte meine Unruhe und versuchte mich zu trösten: „Aber Milli, das ist ja alles ein Aberglau-be. Mach dir doch keine Gedanken darüber. Komm, wir gehen wieder nach Hause!" Dort befahl mir die Mutter, auf einen Sessel zu steigen und die Flasche mit dem Tomatenmark vom Schrank herunterzuneh-men. Beim Heruntersteigen spürte ich einen stechen-den Schmerz im Leib, der nicht mehr weichen woll-te. Es setzten dann Blutungen ein, und Josef holte die Hebamme, die besorgt den Kopf wiegte: „Am besten wäre, ihr bringt sie ins Krankenhaus nach Wien."

Die Mutter war sofort dafür, aber nicht der Josef. Er wußte, daß die Krankenhäuser überfüllt waren, von Soldaten und Menschen, die mehr im Luft-schutzkeller waren als in den Zimmern.

Ein Arzt war nicht auffindbar. Die Hebamme blieb Tag und Nacht bei mir. Am dritten Tag, es war ein Montag, ließen die Schmerzen nach, und ich schlief ein. Endlich kam ein Arzt. Als ihm die Heb-amme meinen Zustand schilderte, winkte er mit der Hand ab und sagte: „Rufen Sie mich, wenn es herausschaut!" Er drehte sich um und wollte gehen. Aber da wurde die Hebamme böse und schrie den Arzt an: „Sie, wenn es herausschaut, da brauche ich Sie nicht mehr!" Der Arzt nahm ihre Worte nicht so ernst.

Um vier Uhr früh wurde ich von den Wehen geweckt. Ich hörte das Heulen des Hofhundes. „Jetzt wird's ernst", versicherte die Hebamme und bat die Mutter um warmes Wasser und Handtücher. Dann horchte sie noch einmal die Herztöne des Kindes ab. Auch die Beleuchtung, die Petroleumlampe, genügte ihr nicht. Kerzen wurden herbeigeschafft, und Josef fand eine Batterielampe. Es war alles getan, um dem Kind den ersten Blick in die Welt zu ermöglichen.

Doch die Lichter, die da brannten, leuchteten nur einem Sterbenden. Es war eine Steißlage. Die Hebamme hatte Mühe, zuerst einmal die Fußerln zu ergreifen. Nachher verließen mich meine Kräfte. Das Kind blieb mit dem Kopf im Becken hängen und erstickte in der Nachgeburt. Ich sehe heute noch das Bild, wie die Hebamme das Kind zum Leben zu erwecken versuchte. Aber es war alles vergebens.

Mein Leib schmerzte, doch mein Herz noch mehr. Man kann diesen Schmerz noch so laut in die Welt hinausschreien, es versteht ja doch niemand! Ich hatte mich so auf mein Kind gefreut und konnte es kaum erwarten, es in den Armen zu halten. Endlich etwas, das nur mir allein gehören würde! Es hatte noch nie im Leben etwas mir gehört.

Das Kind war ein Bub. Mein Sohn wurde am 6. März 1945 geboren und starb am selben Tag. Man hatte ihn im selben Raum, in dem ich im Fieber lag, auf dem Tisch aufgebahrt. Die Nachbarskinder kamen, brachten Schneeglöckchen und legten sie auf die Bahre. Der Wunsch, mein Kind einmal im Arm zu halten, war so groß, daß ich den Josef bat, mir das Kind in den Arm zu legen. Diesen Wunsch erfüllte mir Josef nicht, dafür saß er dauernd neben meinem Bett. Einen Schmerz kann man womöglich ermessen, doch nie die Gefühle einer Mutter, die ein Kind verliert.

Josefs Mutter war der Tod meines Kindes nur recht. Sie war überzeugt, damit wäre die Heirat verhindert. Ich nahm es ihr nicht übel. Auch sie wollte ihren Sohn nicht an eine Frau verlieren. Ich lag noch zwei Wochen mit Fieber im Bett. Nur ganz allmählich nahm ich wieder am alltäglichen Leben teil.

„Die Russen, die Russen!"

Die Front rückte immer näher. Man hörte von weitem die Schüsse. Auf der Wiese, nur über die Straße, wurde die Fliegerabwehr aufgebaut. Einmal stürzte ein kleines Flugzeug ab und brannte aus. Ein paar Tage später war auf unserer Straße, die von Eisenstadt nach Bruck an der Leitha führte, ein fürchterliches Durcheinander: Pferde mit vollbeladenen Wagen; Menschen, barfuß, verstaubt, von oben bis unten beschmutzt; weinende Kinder, wiehernde Pferde. In die eine Richtung fuhren oder marschierten die Soldaten, in die andere die Zivilbevölkerung. Manche machten bei uns Rast, baten um Wasser. Sie sagten, daß die Russen bald da sein würden.

Zu meinem großen Erstaunen sah ich, daß die Mutter eilig begann, die notwendigsten Sachen zu

packen. Hin und wieder verstaute sie auch Wäschestücke von Josef. Auf meine Frage, was denn das
sollte, bekam ich keine Antwort. Da wurde auch
der Josef aufmerksam. Er wußte, daß seine Mutter
eine begeisterte Hitler-Anhängerin war, eine Nazisse
also.

Da packte Josef seine Mutter an den Schultern
und rüttelte sie, daß sie hin und her pendelte. Dabei
schrie er laut: „Wohin willst du denn?" Die Mutter
versuchte, sich aus dem Griff ihres Sohnes zu befrei-
en, und schrie genauso laut: „Ich will den Russen
nicht einmal angemalt in die Hände fallen, geschweige denn lebendig. Und du kommst mit!" –
„Nein, nein, ich geh' nicht mit dir!" – „Ja, siehst du
denn nicht, daß wir von den Russen schon einge-
kreist sind? Du bist ja blind und taub, du Hitlerweib,
du Nazipest, du!" Es waren sehr starke Worte, die
ich da mithörte.

Just da fuhr ein Lastwagen im Hof vor. Soldaten
sprangen heraus. Ein Pferd kam hinterdrein, mit einem höheren deutschen Offizier darauf sitzend. Er
kommandierte: „Alle mit, schnell, schnell! Hinauf
auf den Wagen!" Mit ein paar Bündeln lief die Mutter zum Lastwagen, auch der Vater, er hatte die kleine Hannelore auf dem Arm. Mit großer Eile verlu-
den die Soldaten die drei Menschen samt dem Notwendigsten auf den Lastwagen. Der Offizier erschoß
unseren Cäsar, den Hofhund.

Josef und ich standen da und schauten dem Wagen nach. Bald darauf folgten weitere Wagen. Sie kamen aus der Richtung von Eisenstadt und fuhren gegen Bruck an der Leitha. Aber die Ladung, die sie
mitführten, das waren nicht mehr lebende Men-

schen. Es waren tote Soldaten, aufgeschlichtet wie meterlange Holzscheite. Es war grauenvoll, was sich meinen Augen bot. Ich verdeckte mit beiden Händen mein Gesicht und zitterte am ganzen Körper.

Josef meinte, wir sollten in den Bunker. Wir nahmen auch etwas zu essen mit. Es war schon fast die halbe Mannersdorfer Bevölkerung im Bunker. Alte Männer, Mütter mit kleinen Kindern, alle weinten wie im Chor. Über dem Bunker hielten die deutschen Soldaten mit ihren Maschinengewehren noch immer die Stellung. Von Zeit zu Zeit wurde auch geschossen. Einen Tag und eine Nacht verbrachten wir da drin. Die Schüsse wurden immer lauter und kamen immer näher. Dann, gegen Morgengrauen, wurde es unheimlich still. Ein alter Mann sagte, er müßte austreten. Er öffnete das schwere Eisentor des Bunkers, trat hinaus und kam sogleich kreidebleich zurück: „Die Russen, die Russen!" stotterte er verschreckt.

Die Frauen preßten ihre Kinder an sich und begannen zu beten. Schon donnerten Gewehrkolben gegen das Tor. „Davaj, davaj, otkryte!" (Das heißt soviel wie: „Kommt, macht auf!") Mein Blick erfaßte zuallererst die Gewehre, die ins Innere, auf uns gerichtet waren. „Nemec? Soldat?"[1] rief ein russischer Soldat fragend. „Nur Zivil, Mutter, Kind", gab jemand zur Antwort. Im Nu drangen ein paar Russen zu uns herein und begannen nach Uhren und Feuerzeugen zu suchen. Der alte Mann hatte eine Uhr an einer Kette. Mit Gewalt riß ihm ein Russe die Uhr aus dem Sakko. Als wir so halb ausgeraubt waren, verschwand die eine Partie.

---

1 „Nemec? Soldat?": „Deutscher? Soldat?"

Bald darauf, es war schon elf Uhr vormittag, kamen die nächsten. Sie waren nicht mehr ganz nüchtern. Es gab ja genügend Wein in jedem Keller. Sie sangen laut, lachten und waren auf der Suche nach Mädchen. In Begleitung der lustigen Russen war auch ein Offizier. Der sprach auch gebrochen deutsch: „Nicht Angst, nach Hause gehen!" Wir sollten alle in unsere Häuser gehen, wo wir hingehörten, da sonst alle Wohnungen von Russen bezogen würden. Nur zaghaft verließen die Menschen den Bunker; die strahlende Aprilsonne erhellte die bleichen Gesichter.

Als wir durch unsere Ortschaft gingen, boten sich schreckliche Bilder: Im Straßengraben lagen tote Menschen, Pferde und Kühe. Als Josef und ich auf unser Haus zugingen – das kann ich nie vergessen –, lag mitten im Hof eine Kuh, der die besten Fleischstücke schon herausgeschnitten waren. Neben der Kuh lag ein nackter, toter Mann, sein Geschlechtsteil war abgeschnitten. Josef kannte den alten Mann. Er war ein Preuße gewesen und hatte nicht weit von uns gewohnt. Niemals hatte er jemandem etwas zuleide getan.

In das Haus konnten wir nicht mehr einziehen: Das Dach war wie ein Sieb, alles von Granaten durchlöchert. Im Inneren des Hauses lagen überall zerbrochene Gläser, Geschirr, Wäschestücke, die mit Blut beschmiert waren. Dann entdeckten wir unter den Ehebetten den hölzernen Waschtrog, in dem wir unsere Wäsche gewaschen hatten: In dem Trog lag ein erschossener deutscher Offizier. Er mußte, wahrscheinlich verwundet, in unserem Haus Unterschlupf gesucht haben, da fanden ihn dann wohl die Russen.

Wir gingen weiter, in die Ortschaft. Hier gab uns eine Bäuerin, die taubstumm war, ein Zimmer. Alles war geplündert. Die Geschäfte waren leer. Vieles hatten auch die Deutschen beim Rückzug mitgenommen. Und auch die heimische Bevölkerung hatte einiges in Sicherheit gebracht. Dafür hatten jetzt wir nichts zu essen.

Endlich backte dann ein Bäcker – die Russen hatten ihm das Mehl besorgt – Brot. Um drei Uhr früh mußten wir uns schon in einer Schlange anstellen, um einen Laib Brot zu bekommen. Es ist traurig, aber wahr: Wir fingen Katzen und Hunde von der Straße, kochten – oft stundenlang, so zäh waren sie – und aßen sie. Hauptsache war, wir waren wieder einmal satt.

Der Josef meinte, er wollte zu unserem Haus in Orbachmühl, um nachzuschauen, womöglich könnte er ein paar Gläser Marmelade aus dem Keller mitbringen. Es war schon gegen Abend, doch vom Josef keine Spur. Die Bäuerin – wir verständigten uns mit Schreiben – gab mir ein paar winzigkleine Erdäpfel, damit ich wenigstens eine Suppe kochen konnte. Sie selbst ging in den Stall.

Während ich die Suppe zubereitete, kamen zwei Russen mit Gewehren herein. „Wo Mann? Nicht Mann?" Noch bevor ich etwas sagen konnte, zerrte mich einer von ihnen hinaus über den Hof in die Holzhütte. Hier lag ein Haufen Stroh, und darauf schmiß er mich. Der eine machte sich bereit, mich zu vergewaltigen, der andere stand hinter ihm und hielt das Gewehr auf mich an. Doch ich war sehr gut angezogen. Die Hose von Josef, mit Hosenträgern und Riemen. Der Russe plagte sich, um mich auszuziehen, aber es gelang ihm nicht so schnell, wie er wollte. Vom Hof waren Pferdehufe zu hören. Ein Offizier, hoch zu Roß, machte dieser Situation ein Ende. Alle drei Russen verschwanden vom Hof.

Die Bäuerin hatte all das gar nicht mitbekommen. Sie glaubte, als sie aus dem Stall zurückkam, die Suppe wäre schon fertig. Dann sah sie, daß ich völlig durcheinander war, verweinte Augen hatte. Ich schrieb ihr auf, was passiert war. Darauf zeigte sie zum Heustadel. Wir kletterten über eine Leiter, die wir dann hochzogen, auf den Heuboden und gruben uns ins Heu.

In der Früh kam dann Josef. Er erzählte, was in unserem Haus losgewesen war: Die Russen hatten da gekocht und gebraten, ein tolles Essen gemacht, dazu Wein und Wodka getrunken. Josef war gleich herzlich eingeladen worden, hatte sich sattgegessen, mit Wodka vollgetrunken und war dann eingeschlafen. Als er aufwachte, war er allein. Kein russischer Soldat weit und breit. „Jetzt bin ich da. Und schau, was ich dir mitgebracht habe!" schloß er seinen Bericht. Es war ein Karton mit Schinken, Schweinsbraten und sehr viel Weißbrot. – Ich konnte ihm natürlich nichts so Erfreuliches berichten.

„Wohin wir wollten, das wußten wir selber nicht"

Es vergingen vierzehn Tage. Josefs Vater, seine Mutter und die kleine Hannelore kamen schmutzig, hungrig und total erschöpft von irgendwoher. Anfangs ging alles gut, bis die Mutter sich wieder soweit erholt hatte, daß sie mich sekkieren konnte. Da wir weder Seife noch Waschpulver hatten, wurde die Wäsche mit Aschenlauge gewaschen. Abends wurde die Wäsche eingeweicht und am nächsten Tag auf der Waschrumpel auf- und abgerieben. An so einem Waschtag suchte die Mutter die einzelnen Wäschestücke ihres Sohnes heraus und meinte: „Ich laß dich die Wäsche von Josef nicht waschen. Die wasch ich selber!" Ratlos stand ich da. Ich fand keine Worte, die dagegen oder dafür sprachen.

Es gab auch noch andere, größere Konflikte: Einmal kam der Josef mit ein paar Russen an. Es waren die Kumpane, mit denen er so gut gegessen und getrunken hatte. Die Russen brachten einen ganzen Korb Eier mit. Wir machten daraus eine große Pfanne Eierspeise. Ab nun kamen sie jeden Abend und brachten auch uns Lebensmittel. Es war ein harmonisches Beisammensein.

In Josefs Mutter wuchs der Haß. Es führte so weit, daß sie schrie, ich sollte verschwinden, wo ich hergekommen war. „Gut Mutter", sagte Josef, „du jagst die Milli fort, damit verjagst du auch mich, denn ich geh mit." Josef raffte schnell seine und meine Sachen zusammen – viel hatten wir ja nicht: eine Decke, zwei Polster und ein paar Wäschestücke.

Wir waren schon durch die Ortschaft, auf einem Waldweg. Eine kleine Rast mochte nicht schaden. Doch lange war uns diese nicht vergönnt. Die Mutter stand vor uns. Aber sie wollte nur ihren Sohn zur Umkehr bewegen. Da das nicht so ging, wie sie wollte, machte sie eine Bewegung, die mir von meiner Mutter in Erinnerung war: Es blitzte eine Messerklinge auf. Ich schrie: „Josef!" Augenblicklich war er aufgesprungen, packte seine Mutter an beiden Händen und drückte hart zu. Das Messer fiel zu Boden. Ich saß am Wegrand, weinte bitterlich und fragte mich: „Welche Mutter ist besser? Die, die ihr Kind aus Liebe zu töten bereit ist, oder die, die ihr Kind haßt?"

Nun, einmal war es noch gutgegangen. Man war sich einig, und wir kehrten heim. Aber – das war kein Leben! So beschlossen wir zwei, in der Nacht vom 7. auf den 8. Mai 1945, erneut auszureißen. Obwohl ich nirgendwo ein Zuhause hatte und den Mann über alles liebte, wollte ich in dieser Nacht zuerst allein verschwinden. Doch er wurde wach und begriff mein Vorhaben sofort. Da beschloß er: „Wir gehen gemeinsam." Doch – wohin sollten wir gehen? Geld, um mit der Bahn zu fahren, hatten wir zuwenig. So gingen wir zu Fuß.

Als wir in Eisenstadt ankamen, fuhren die Russen mit Lastwagen kreuz und quer. Dabei sangen sie laut und riefen: „Hitler kaputt, Hitler kaputt!" Alle waren betrunken. Ja, es war wahr: Der Krieg war aus!

Wir marschierten bei Tag, nachts kehrten wir bei irgendeinem Bauernhaus zu, baten um ein paar Erdäpfel oder um ein Glas Milch. Unterwegs erkrankte ich so sehr, daß ich nicht mehr weiterkonnte. Mein Stuhl war nur noch Wasser mit Blut gefärbt. Wohin wir wollten, das wußten wir selber nicht. Nur weit weg!

Am dreizehnten Tag stellte sich uns ein russischer Soldat mit dem Gewehr in den Händen in den Weg. Er fragte, wohin wir wollten. Und – wir sollten nicht zu Fuß gehen, sondern fahren. Dann zeigte er auf eine Wiese, wo schon eine große Menschenmenge versammelt war: Wir sollten auch dorthin gehen. Josef wurde nachdenklich und meinte: „Das ist mir nicht geheuer, es stinkt nach Sibirien." Mit dem Wort Sibirien konnte ich nichts anfangen. Es sagte mir nichts.

Die Menschen, die da auf der Wiese versammelt waren, hatten alle Nationalitäten. Es waren auch viele Familien darunter. Von einem russischen Kommandanten wurden unsere Personalien aufgenommen. Da wir nicht verheiratet waren – er hieß Hirschböck und ich Forstner –, wurden wir nach unseren Eltern und deren Heimat befragt. Meine Heimat wäre da, wo die Mutter lebt, sagte man mir; und meine Mutter war in Jugoslawien.

So wurde ich also zum Bahnhof gebracht, wo ein langer Güterzug stand. Josef wich nicht von meiner Seite, er ging mit. Die Waggons waren alle mit Blumen und Fichtenzweigen geschmückt. An jedem Waggon war zu lesen: „Živijo Maršal Tito!"[2] Wer war Marschall Tito? Ich hatte keine Ahnung, aber Josef, der wußte es: „Da gehöre ich nicht hinein", meinte er.

Und er hatte recht. Ein Auto mit ein paar Offizieren kam angefahren. Sie verlasen eine Namensliste. Alle, die aufgerufen wurden, mußten mit den Herren zurück, „Hirschböck" war auch dabei. Wir nahmen Abschied. Ich bat ihn, er sollte zu seiner Mutter zurückkehren: „Mädchen wie mich gibt es Tausende auf der Welt, aber Mutter, Mutter hat man nur eine. Sollten wir aber füreinander bestimmt sein, so wird uns der liebe Gott wieder zusammenführen."

---

2 „Živijo Maršal Tito": „Es lebe Marschall Tito!"

Aber unsere bis dahin gemeinsamen Wege waren ab nun getrennt.

„So, jetzt hatte ich nicht einmal mehr ein Strohbett zu Hause"

Der geschmückte Güterzug, mit Holzpritschen und etwas Stroh ausgestattet, war für mich eine Qual. Er rollte mit Menschen beiderlei Geschlechts durch die Landschaft. Es waren in erster Linie Männer, Serben und Kroaten. Sie betitelten mich als „Schwabe", dieser Name galt für deutschsprachige Menschen – er war gleichzeitig ein Schimpfwort.

Da ich also „Schwabe" war, bekam ich nicht wie die anderen auf einer Pritsche Platz. Man wies mir unterhalb, dort, wo die schmutzigen Stiefeln der anderen baumelten, einen Platz zu. Ich verkroch mich tatsächlich wie ein Hund zu den Füßen der anderen und schluchzte in mich hinein: „Alles hab' ich verloren, mein Kind, den geliebten Mann und die Heimat, von der ich geglaubt habe, es könnte auch meine Heimat werden. Nun schleppt man mich nach Jugoslawien, nur deswegen, weil meine Mutter dort wohnt."

Zu essen bekamen wir nicht viel. Es wurde nur einmal am Tag gekocht. Unser Zug konnte auch nicht die ganze Strecke durchfahren. Teilweise gab es keine Schienen, andere Wegteile waren nur noch Berge von aufgewühlter Erde, Steinen und Schwellen. Es war ein Stempel des Krieges, des sinnlosen, grausamen Krieges.

Wir befanden uns in Ungarn. Der Weg führte zum Donaustrom. Aber es gab keine Brücke mehr. Hier standen russische Truppen, die mit Booten und Brettern eine Notbrücke errichteten. Als wir die andere Seite des Flusses erreichten, standen dort eine Menge Zigeuner. Sie wollten alle von uns etwas haben, aber wir hatten selber nichts. Einige Kilometer weiter stand wieder ein Güterzug für uns bereit.

Bald erreichten wir die jugoslawische Grenze. Die Serben jubelten und sangen. Am Bahnhof Subotica bot sich uns allen eine unangenehme Überraschung. Russische Posten und Partisanen begrüßten uns mit „Bajonett auf!" Wir wurden alle in ein Gebäude gesperrt und einer Leibesvisitation unterzogen. Von hier weg wurden alle nach Hause geschickt.

Es war der 23. Juni 1945. Nun stand ich vor der Tür, hinter der meine Mutter, der Stiefvater und meine Halbschwester Karla, die im August zwei Jahre alt werden würde, lebten. Ich muß verheerend ausgesehen haben, denn meine Mutter erkannte mich nicht sogleich. Doch dann – es war kein erfreulicher Ausbruch – ihre Frage: „Wo hast dein Kind und deinen Mann?"

Nach dieser Frage blieben meine Augen nicht trocken; ich konnte mir nicht helfen. Aber als die Mutter bei meiner Ankunft diesen wunden Punkt berührte, war es, als würde sie Öl ins Feuer gießen. Daß ich hier keine Bleibe finden würde, das hatte ich im vorhinein gewußt, aber daß ich sofort wieder aus dem Hause mußte, hätte ich mir nicht träumen lassen.

Diesmal war auch der Vater derselben Meinung. „Es ist zu deiner Sicherheit", meinte er. Sie müßten mich verstecken, da mich sonst die Partisanen holen würden. Die hätten schon viele Mädchen, die aus dem Ausland heimgekehrt waren, abgeholt, nach Serbien gebracht und eingesperrt. Nur wenige wären zurückgekommen. Die Witzman-Mini hätten sie zu Tode geprügelt. Die war mit mir gemeinsam beim BdM gewesen.

So, jetzt hatte ich nicht einmal mehr ein Strohbett zu Hause. Ich mußte mich auf dem Heuboden verstecken. Eine Woche lang wurde mir das Essen hinaufgebracht. Nachts schlich ich mich wie ein Dieb die Leiter hinunter und sah mit brennenden Augen zu dem Berg, hinter dem Österreich lag. „Ich muß, ich muß da rüber!" flüsterte ich wie im Traum.

„Warum soll ich eingesperrt werden? Ich habe doch niemandem etwas getan. Nur deswegen, weil ich in Wien Dienstmädchen war? Nein! Und noch einmal nein!" sagte ich zu mir selber. Am nächsten Tag erklärte ich meiner Mutter ganz energisch, daß ich keine Stunde mehr auf dem Heuboden bliebe. Ich brauchte ja nur über den Berg Remšenik – nahe der Ortschaft Brezno – zu gehen, und sie wären die Sorge los, mich noch länger verstecken zu müssen.

„Ich kannte den Weg, welcher zur österreichischen Grenze führte"

Gesagt, getan! Plötzlich hatte ich überhaupt keine Angst mehr. Bei hellichtem Tag nahm ich Abschied von meinem Schwesterchen, die gerade draußen spielte. Sie rief mir noch etwas nach, aber ich verstand sie nicht mehr. Da sagte meine Mutter: „Sie fragt, wann du wiederkommst." – „Ich komme, wenn wieder Sonntag wird", gab ich zur Antwort. Der letzte Blick, bevor ich ging, galt der Mutter. Da sah ich, sie wischte sich die Tränen aus den Augen.

Gepäck hatte ich keines, so kam ich schnell vorwärts. Ich kannte den Weg, welcher zur österreichischen Grenze führte; ich hatte ihn noch aus der Schulzeit in Erinnerung, als unsere Klasse einmal einen Ausflug machte. Damals – es kam mir schon wie eine Ewigkeit vor, hatte ich von dem Ausflug kleine, verwelkte Blümchen mitgebracht. Ganz stolz zeigte ich sie der Mutter und sagte: „Schau, Mutter, das sind Blumen aus Österreich!" Ich weiß nicht mehr, was ich damit bezwecken wollte, aber es war mir ganz warm ums Herz. Möglicherweise deswegen, weil mir der Lehrer gesagt hatte, ich gehörte dorthin. Ich hatte ja nie gewagt, Mutter danach zu fragen.

Zwei Soldaten – sie hatten so komische Uniformen an – kreuzten meinen Weg. Sie grüßten ganz freundlich, ich gab auch Antwort. Woher ich käme oder wohin ich ginge, fragte keiner. Beim letzten Landwirt vor der Grenze machte ich Rast. Auf die vielen Fragen der Bäuerin antwortete ich gern und aufrichtig. Sie witterte mein Vorhaben, die Grenze illegal zu passieren, und sagte: „Da hast a Milchkandl, und geh Schwarzbeeren oder Schwammerln suchen!"

Diese Milchkanne hat wohl jemand später gefunden. Als ich schon sicher war, daß ich auf österreichischem Boden war, ließ ich die Kanne stehen und lief, was mich die Füße trugen, der Ortschaft Wugau in der Steiermark entgegen. Nur vier Kilometer von hier, in Eibiswald, hatte einst die Großmutter, Frau Kotnik, gewohnt.

Ich kam zu einem sehr vernachlässigten Bauernhof. Der Hunger und die nahe Nacht trieben mich in dieses Haus. Eine starke, grobknochige Frau trat mir entgegen und fragte mich nach meinen Wünschen. Ich fragte, ob sie jemanden zum Arbeiten brauchen könnte. Sie bejahte, aber wer bei ihr arbeiten wollte, müßte viel können, außerdem sei ich zu schwach. Ich müßte Kühe melken, Schweine füttern, das Roß einspannen, mit der Sense mähen können, . . .

Sie zählte noch viel mehr auf, und ich sagte zu allem „Ja!" Wahr war nur die Hälfte davon. Aber ich wollte leben, und um leben zu können, muß man arbeiten. Mein guter Wille führte zum Erfolg: In kürzester Zeit hatte ich alles im Griff. Die Ernte brachten wir mit Hilfe zweier Heimkehrer ein, die einen Monat bei uns auf dem Hof blieben. Um mir Lohn zu bezahlen, dafür hatte die Bäuerin nicht genug Geld; sie gab mir Lebensmittel, davon hatte sie genug.

„Ich mußte meinen Josef wieder finden!"

Hier lernte ich auch, wie man Kürbiskernöl macht. Täglich kamen Leute aus der Stadt, aus Leibniz, Graz oder sonstwoher. Sie boten Kleider, Schuhe und Stoffe, um sie gegen Lebensmittel einzutauschen. Mit diesem Tauschhandel kleidete ich mich ein, und auch ein wenig Geld wollte ich in der Tasche haben, wenn ich weiterzog. Denn ich mußte ja weiterziehen. Ich mußte meinen Josef wieder finden!

75

Aber davor wollte ich noch einmal zu meiner Mutter. Die Bäuerin gab mir geselchtes Fleisch, Fett und Öl. „Das möchte ich meiner Mutter, dem Vater und dem Schwesterchen Karla bringen, denn viel zu essen haben sie ja nicht zu Hause", sagte ich zu ihr. Die Bäuerin gab mir auch zwanzig Schilling mit auf den Weg. Sie redete ganz komisch: „Wir sehen uns nicht mehr." Ich versicherte ihr jedoch, daß ich wiederkommen und von hier aus weiterziehen würde. Sie aber bestand darauf, daß wir uns nicht wiedersehen würden. Ich wußte nicht, was sie damit meinte.

Nachts ging ich wieder über den Berg Remšenik. Als Mutter und Vater die Eßwaren sahen, war die Freude groß. Aber trotz allem mußte ich wieder auf den Heuboden. Man hatte schon die ganze Zeit über nach mir gesucht, und sie wollten nicht glauben, daß niemand wußte, wo ich war. Tagsüber blieb ich auf dem Heuboden, und nachts wollte ich wieder gehen. Ein heftiger Regen bewog mich, zu warten, und so ging ich erst am nächsten Morgen.

Als ich gegen Mittag wieder in Wugau ankam, liefen mir schon die Kinder, die mich alle kannten, entgegen: „Die Bäuerin ist tot, die Bäuerin hat sich aufgehängt." Ich wollte es nicht glauben, aber es stimmte. Man holte mich auch zum Verhör, bis spät in die Nacht war ich auf dem Gendarmerieposten. Die Obduktion ergab dann, daß sie schwanger war.

Ihr Mann war vom Krieg noch nicht heimgekehrt, und in ihrem Abschiedsbrief hatte sie geschrieben, daß, wenn ihr Mann heimkommt, er sie sowieso umbringen würde, deshalb scheide sie selbst aus dem

Leben. Jetzt erinnerte ich mich wieder der Worte, die sie mir zum Abschied gesagt hatte. Verwandte übernahmen dann den Hof, und ich zog weiter.

In Graz bekam ich beim Gasthaus Petzel Arbeit. Ich blieb aber nur einen Monat, um ein bißchen Geld fürs Zugfahren zu haben. Ich mußte ja nach Wien und dann nach Mannersdorf, wo ich Josef vermutete. Doch vorher ging ich noch zu einem alten Pfarrer, da ich den Tod meines Kindes nicht verwinden konnte. „Ich weine so viel und träume nur vom großen Fluß, wo eine Hand oder ein Fuß schwimmt", erzählte ich ihm. Die Ermahnung war, ich sollte nicht weinen, die Seele würde in meinen Tränen baden, und ich hätte ein Engerl im Himmel.

Nun ja, ich war zur Not angezogen, hatte etwas Geld in der Tasche: Es konnte losgehen. Zwischen Spital und Semmering verlief eine Demarkationslinie, die mußte ich umgehen. Ich fuhr also bis zum Bahnhof Spital, stieg aus und ging in tiefem Schnee über den Berg, bis ich – ganz erschöpft – am Bahnhof Semmering angelangt war. Abgesehen von ein paar Russen, die mich scharf musterten, begegnete ich keinem Menschen. Ein Russe wollte doch gerne wissen, wohin ich wollte. „Nur nach Hause", war meine Antwort. Er gab sich damit zufrieden.

Je näher der Zug der Wienerstadt kam, umso stärker schlug mein Herz. Hier, am Südbahnhof, lagen immer noch die Trümmerhaufen. Die Rotkreuzbaracken, in denen einst die Verwundeten der Wehrmacht versorgt worden waren, dienten jetzt Flüchtlingen. Vom Ostbahnhof fuhr ich mit dem Zug nach Götzendorf, von hier ging ich zu Fuß nach Mannersdorf. Ich fragte Bekannte, die ich unterwegs traf, nach Josef. Doch niemand hatte ihn gesehen oder wußte etwas von ihm.

Ich mußte mich also, wenn ich bald vor seiner Mutter stehen würde, nur ja richtig verhalten: „Nur keinen Fehler machen, wenn der Josef wirklich nicht zu seiner Mutter zurückgekehrt sein sollte!" dachte ich bei mir. Ich hatte panische Angst vor dieser Frau. Aber zu meiner großen Überraschung fiel sie mir dann um den Hals, bat um Verzeihung, und ich sollte ihren Sohn wieder zurückbringen. Auch ich könnte hierbleiben, sie hätte eingesehen, daß sie nicht richtig gehandelt hätte.

Nun war alles vergessen, was sie uns je angetan hatte, und ich wollte dieser Frau nicht noch einen Schmerz zufügen. „Soll ich es ihr sagen, daß ich ihn selber suche und nicht weiß, wo er ist? Nein, das werde ich nicht tun!" dachte ich bei mir. Meine Gedanken arbeiteten fieberhaft, und ich fand eine Notlüge und damit Trost für die Frau: „Mutter", sagte ich ganz ruhig, „Mutter, der Josef ist in Leibniz bei den Engländern als Kraftfahrer. Es geht ihm gut, und er läßt dich herzlich grüßen. Sobald er kann, wird er kommen. Ich bin ja auch nur auf der Durchreise, ich wollte dir nur schnell guten Tag sagen."

Der jüngste Sohn, Herbert, er war siebzehn Jahre alt, begleitete mich zum Zug. Unterwegs blieb er stehen, sah mich scharf an und sagte: „Milli, sag mir die Wahrheit! Hast du geschwindelt?" – „Ja, Herbert, ich wollte der Mutter nicht weh tun. Wo sich der Josef befindet, weiß ich nicht. Ich habe gehofft, ihn hier zu finden."

Ich fuhr zurück nach Wien. Wieder stand ich dort, wo ich schon einmal eine warme Suppe bekommen hatte. Doch diesmal bat ich nicht nur um eine warme Suppe, sondern auch um Unterkunft für ein paar Tage, bis ich Arbeit finden würde. Vier Nächte beherbergten mich die Flüchtlingsbaracken. Im dritten Bezirk fand ich bei den Engländern in der 35. Offiziersmesse Arbeit als Wäscherin. Eine Schlafgelegenheit fand ich im vierten Bezirk im Keller der Metternichgasse 4. Die Fenster waren vergittert, davor war der Gehsteig. Hier wohnte eine sudetendeutsche Familie mit drei Kindern.

Den ganzen Tag beim Trog zu stehen und Wäsche zu rubbeln, war nicht gerade leicht, aber ich war die Arbeit ja gewohnt. Das Essen war gut, und bezahlt bekam ich auch. Was wollte ich noch mehr? Es war Heiliger Abend. Es gab ein wunderbares Essen und Geschenke. Ich bekam ein kleines Herz, darauf stand „Bleib mir treu, 4 + 4".

Der kalte Winter hatte mich krank gemacht. Jeden Abend ging ich von der Waschküche patschnaß von oben bis unten in die Kellerwohnung. Unterwegs froren meine Kleider rundherum, bis sie hart waren. In der Wohnung war es auch so kalt, es war kein Holz zum Heizen da. Anfang Februar 1946 bekam ich eines Nachts Fieber. In der Früh, als ich zur Arbeit kam, sah man sofort, daß mit mir etwas nicht in Ordnung war. Man schickte mich ins Bett.

Als der Arzt kam, stellte er eine akute Blinddarmentzündung fest. Der Rettungswagen brachte mich ins Spital. Als man mich genauer untersuchte, stellte sich heraus, daß es eine vereiterte Eierstockentzündung war. Ich lag vier Wochen im Spital.

Nach meiner Genesung teilte man mir mit, es wären viele Offiziere abgereist und man brauche nicht mehr soviel Personal. Ich wurde entlassen.

„Das war nicht mehr mein Josef..."

Die sudetendeutsche Familie war inzwischen auch schon weg. So blieb ich in den kalten vier Wänden allein. Ich fand wieder Arbeit; diesmal bei Russen in der Küche. Da fiel mir ein, daß Josef hier in Wien einen Cousin gehabt hatte. Die Adresse hatte ich noch im Gedächtnis. Ich schrieb an ihn, ob er etwas von Josef gehört hatte. Ein paar Tage später stand er vor mir und überbrachte mir die erwünschte Nachricht: Josef war bei einem Bauern in Flammenberg bei Leibniz – und ich bekam die Adresse. Also doch Leibniz! War das wieder mein sechster Sinn, als ich die Mutter anschwindelte?

Der erste Brief, den ich an Josef schrieb, kam zurück: „Hirschböck Josef ist abgereist, wohin, ist unbekannt." Aber so schnell gebe ich mich nicht geschlagen. Ich schrieb einen zweiten Brief, und der ging an den Bürgermeister von Flammenberg. Ich schilderte ihm mein Anliegen. Ein paar Tage später bekam ich Antwort: „Sehr geehrtes Fräulein Forstner! Der Hirschböck Josef befindet sich nach wie vor hier in der Nähe. Wenn Sie einen Besuch abstatten wollen, sind Sie bei uns herzlich willkommen."

Nichts wie hin! Flammenberg hat nicht umsonst seinen Namen: Nur eine schmale Fuhrwerkspur und beiderseits hohe Berge mit Schnee. Und der Weg nahm kein Ende. Die Bürgermeisterfamilie nahm mich freundlich auf und schenkte mir über den Josef reinen Wein ein: Die Bäuerin, bei welcher er arbeitete, war Kriegerswitwe. Es gab aber auch eine Tochter, und man munkelte . . ., aber Genaueres konnte man nicht sagen. Es tat schon weh, das alles zu hören, aber ich wollte abwarten, was er mir selbst zu sagen haben würde.

Der Bürgermeister schickte seinen Laufburschen, um Josef zu holen. Es war schon dunkel, als die Tür aufging und Josef, mein Josef, wie er leibte und lebte, im Raum stand. Die Spannung wurde vom Bürgermeister unterbrochen: „Na Peperl, kennst das Fräulein?" Josef starrte mich an, als wäre ich ein Geist. Die einzigen Worte, die er herausbrachte, waren: „Was machst denn du da?"

Ich war wie versteinert, aber nicht schwer von Begriff. Der Mann, der da stand, sich nicht von der Stelle rührte, war nicht mehr derselbe. Das war nicht mehr mein Josef, den ich so geliebt hatte und den ich noch immer liebte. War das überhaupt der Mann, der seine Mutter, die ihren Sohn so abgöttisch liebte, im Stich gelassen hatte? Warum stand er immer noch so weit von mir? Warum nahm er mich nicht in seine Arme?

Ich schob mein Sehnen blitzschnell zur Seite und handelte: „Daß du hier ein neues Zuhause und gleich eine Frau gefunden hast, da bin ich beruhigt. Ich wollte dir nur Adieu sagen, denn ich, ich heirate auch bald. Ach, noch einen lieben Gruß von deiner Mutter, ich hab sie besucht, und sie wünscht, daß du bald zumindest zu Besuch kommst."

Ich war am Ende meiner Kräfte. Mit Mühe hielt ich meine Tränen zurück. Die Schauspielerrolle, die ich absolviert hatte, war nicht leicht gewesen. Ich hörte nur noch, wie er sagte: „Brauchst was?" Die Frau des Bürgermeisters führte mich in ein Zimmer, wo ich schlafen sollte. Ich glaube, das Kopfkissen wird wohl lange gebraucht haben, bis es trocken war: all diese Tränen, die ich diese Nacht vergoß!

Meine Rückreise wurde an der Demarkationslinie unterbrochen. Die Engländer holten mich aus dem Zug, da ich keinen „Sojuzni propust"[3] hatte. Es war ein Dokument, von dem ich keine Ahnung hatte. Angeblich war das für die Russen sehr wichtig. Die Engländer wollten verhindern, daß ich in die Hände der Russen fiel. Man hielt mich, mit vielen anderen Frauen, vierzehn Tage im Gefängnis in Mürzzuschlag eingesperrt. Inzwischen forschten sie nach, ob ich irgendwo etwas verbrochen hatte. Da dies nicht der Fall war, bekam ich nach vierzehn Tagen den „Sojuzni propust".

In Wien arbeitete ich wieder bei den Russen in der Küche. Es gab oft Mangel an Eiern. Da gab mir der Küchenchef ein Stück Speck. Ich ging auf den Schwarzmarkt und besorgte Eier. Im Mai 1946 übersiedelte die ganze Küche nach Baden bei Wien. Hier waren hauptsächlich Generäle, die wir betreuen mußten. Der Lohn war vierhundert Schilling und das Essen.

So ging fast ein Jahr dahin. Zuerst wohnte ich im Hotel, aber der Preis wurde immer höher. Da suchte ich mir privat ein möbliertes Zimmer. Es hätte nur vierzig Schilling monatlich gekostet, aber dazu kam es nicht. Am 19. März 1947, um halb sieben Uhr am

---

3 „Sojuzni propust": Sowjetischer Übertrittsschein.

Abend, erschien ein russischer Soldat. Er verlangte, ich sollte auf die Kommandantur kommen und für das Zimmer unterschreiben. Ich versprach zu kommen. Er zeigte auf die Uhr. Also, wenn ich bis neunzehn Uhr nicht gekommen wäre, würden sie mich holen. So wie ich schon als Kind folgsam war und hielt, was ich versprochen hatte, so erschien ich pünktlich zur vorgeschriebenen Zeit auf der russischen Kommandantur.

„. . . mir haben sie zehn Jahre Zwangsarbeitslager vorgelesen"

Die längste Nacht meines Lebens, vom 19. auf den 20. März 1947, endete im Morgengrauen auf einem Sessel. Es folgten aber noch weitere – und immer wieder dieselben Fragen und Behauptungen, von denen ich keine Ahnung hatte. Doch es wollte mir niemand Glauben schenken. Eine Woche behielten mich die Russen auf der Kommandantur. Die Kellerräume waren als Zellen eingerichtet, und ein Posten ging auf dem Gang auf und ab: Danach wurde ich eines Nachts ins Gefängnis gebracht.

Man schob mich in eine Zelle. Hier waren schon vier Frauen, und sie hatten keine Freude, mich als fünfte in dem kleinen Raum dulden zu müssen. Als sich das Eisentor hinter mir schloß, da trommelte eine der vier gegen die Tür: „Mach auf, mach auf, du Schwein! Hier bei uns ist kein Platz mehr." Aber draußen rührte sich nichts. Nach einer Weile raspelten wieder die Schlüssel, die Tür ging auf, und der

Posten warf einen dünnen, schmutzigen Strohsack hinein. Ohne Worte verschwand er wieder durch die Tür und schloß ab.

Jetzt fielen die Mädchen mit Fragen über mich her. Die eine, die auf dem Diwan lag, es war eine Polin, Pani Neuman, war gelähmt. Wie ich später erfuhr, hatte man sie beim Verhör geschlagen und einen Nerv verletzt. Noch eine andere war geschlagen worden, es war eine deutsche Schauspielerin, sie hieß Monika; sie war blutüberströmt vom Verhör gebracht worden, und sie starb dann.

Die vier Mädchen, die sich schon in der Zelle befunden hatten, waren Helys Wares aus Estland, Sonja Willfing aus Ungarn, Zenja aus der Tschechoslowakei, und Pani Neuman – so nannte sie sich, wie gesagt – war Gräfin Komorovska. Auf die Frage, was ich getan hätte, daß ich hier gelandet wäre, antwortete ich, ich würde beschuldigt, eine englische Spionin zu sein, da ich vorher bei den Engländern gearbeitet hatte und später zu den Russen arbeiten ging. „Ha, ich auch! Wir alle sind der Spionage beschuldigt", ergänzte die Ungarin.

Eines Tages wurde noch ein Mädchen in die Zelle gebracht, aber nur für fünf Minuten. Dann wurde sie wieder herausgerufen, es war Eleonore Schreiber. Zwei Monate lang quälten sie mich Nacht für Nacht mit Verhören. Bei Tag durften wir nicht schlafen. Ich konnte einfach nicht mehr. Die Übermüdung – vom Nicht-Schlafen-Dürfen – und die Verhöre, wo sie immer darauf drangen, ich sollte endlich zugeben, eine Spionin zu sein.

Endlich wurde es mir zu dumm: „Ja, ich bin eine Spionin", sagte ich. Nun war der Herr Offizier, der das Verhör leitete, zufrieden. Er rieb sich die Hände und forderte mich auf, zu erzählen, was ich gemacht hätte. Ich legte los: „Ich habe auf dem Schwarzmarkt Speck gegen Eier eingetauscht." Da wurde er wieder böse – ich sollte ihn nicht zum Narren halten, das sei nicht Spionage. Es tat mir leid, ich wußte wirklich nicht, was Spionage war.

Dann kam noch ein anderer Offizier ins Zimmer, er hatte einen Gummiknüppel in der Hand. Er fuchtelte mit dem Ding vor meiner Nase herum, schrie mich an und zählte mir einiges auf, was Spionage sei. Von all dem verstand ich kein Wort, aber ich sagte, zu seiner Beruhigung, zu allem „ja". Damit waren die Herren zufriedengestellt, und ich wurde sehr freundlich in die Zelle entlassen.

Voller Stolz erzählte ich in der Zelle meinen Leidensgenossinnen, daß ich den Russen gesagt hätte, ich wäre eine Spionin. Ganz erschrocken sah mich Pani Neuman an und sagte: „Um Gottes willen, was hast du angestellt! Sie werden dich nach Sibirien schicken." – Aber nein", widersprach ich, „sie werden es überprüfen, es ist ja alles nicht wahr. Es gibt für das alles ja keine Zeugen, und sie werden mich wieder freilassen." Doch so, wie ich mir das vorgestellt hatte, war es nicht. Die Russen überprüften nichts, sie brauchten keine Zeugen.

Im Mai 1947 wurden wir nach Sopron in Ungarn überstellt. Es war ein riesengroßes Gebäude mit mehr als fünfhundert Zellen. Darunter waren auch Todeszellen. Jede Woche wurden Männer erschossen. Im Morgengrauen fuhren Lastwagen mit den Toten hinaus, und sie wurden irgendwo in einem Massengrab verscharrt.

Meine Zelle lag im Parterre, ich teilte sie mit Pani Neuman, die gelähmt im Bett lag. Ich pflegte sie. Ende Juni sollte sie verurteilt werden. Gerade in dieser Zeit brachten sie mich wieder nach Baden bei Wien, um das Protokoll zu unterschreiben. Als sie mich zurückbrachten, wurde ich in eine andere Zelle, vis-à-vis der Zelle Pani Neumans, gesteckt. „Warum nicht mehr zurück, wo ich war?" dachte ich. Am nächsten Tag rief mich der diensthabende Offizier zu sich und sagte: „Es ist etwas passiert, die Neuman hat etwas angestellt. Sie schläft und ist nicht mehr wachzukriegen." Ich sollte herausbekommen, was sie gemacht hatte.

Tatsächlich, die Neuman war nicht ansprechbar. Ich rief sie beim Namen – sie hatte mir längst verraten, daß sie in Wirklichkeit Inka Komorovska hieß und den Titel einer Gräfin trug –, aber vergeblich. Vier Tage schlief die Neuman, am fünften Tag wurde sie endlich wach. Ihre ersten Worte waren: „Warum läßt man mich nicht sterben? Ich werde ja sowieso erschossen." – „Sie werden nicht erschossen. Das Todesurteil wurde auf entweder lebenslänglich oder fünfundzwanzig Jahre Arbeitslager abgeändert", antwortete der Herr Major. Die Neuman bekam fünfundzwanzig Jahre, mir haben sie zehn Jahre Zwangsarbeitslager vorgelesen.

„Als ich wieder arbeitsfähig war, kam ich in ein anderes Lager"

Am 12. November 1947 wurde ein Transport zusammengestellt: ungefähr zweihundert Männer und zehn Frauen. Mit Lastwagen brachte man uns zum Bahnhof, wo ein langer Güterzug auf uns wartete. Wir waren kaum zwei Stunden unterwegs, als eine Frau – sie war Russin – zu jammern anfing: Sie bekäme ihr Kind. Es entsprach der Wahrheit.

Mit uns fuhr auch ein Arzt. Der wurde durch laute Pfiffe von der Begleitmannschaft, die den Zug angehalten hatte, herbeigerufen. Ein Bub erblickte in unserem Güterzug das Licht der Welt. Neun Tage konnte das Kind nicht gewaschen werden, doch es blieb gesund, bis wir in Lemberg ankamen. Hier wurden Mutter und Kind ins Krankenhaus gebracht.

Wir anderen wurden einer ärztlichen Kontrolle unterzogen und dann für drei Wochen in Quarantäne gehalten: auf einem großen Steinboden, auf dem hundertfünfzig Frauen wie Heringe geschlichtet lagerten. Ein Gefäß zur Verrichtung der Notdurft stand – ständig überlaufend voll – bei der Tür.

Dann ging unsere Reise wieder weiter. Weihnachten und Neujahr 1948 verbrachten wir in Leningrad. Wanzen fraßen uns blutig. Unsere Verpflegung bestand nur aus Fischsuppe. Sehr oft gab es Leibesvisitationen und Zählungen, ob von uns wohl niemand verlorengegangen war. Im Februar 1948 waren wir in der Stadt Kirov. Es war Nacht und fürchterlich kalt. Vom Bahnhof waren es vier Kilometer bis zum Lager. Der Himmel war sternenklar, ich fror wie ein Hund.

Endlich waren von weitem ein paar Lichter zu sehen. Wie Rinder oder Schafe auf einer Ranch wurden wir in eine Umzäunung getrieben. Die Baracke, die uns zugeteilt war, war schon so gedroschen voll, daß man nicht umfallen konnte. So wie wir waren, in voller Kleidung, schliefen wir auf dem Boden kreuz und quer. Es gab hier nicht nur Wanzen, die unser Blut wollten, sondern auch Kopf- und Gewandläuse. Und aus den Holzbalken, aus denen die Baracke gebaut war, krochen die „Russen", das sind kleine, braune Käfer, heraus.

Nach drei Wochen ging die Reise höher nach Sibirien hinauf. Nach Petschora. Und hier wurden wir zur Arbeit eingeteilt: Küche, Krankenhaus und in den Wald, um Brennholz zu machen. Draußen war die Arbeit nur kurz, solange es Tageslicht gab. Ich war im Krankenhaus eingeteilt. Sehr schwer kranke Männer lagen in den Zimmern.

Ein Berliner starb. Er wollte mir gerade einen Brief an seine Frau, sie hieß Anna, diktieren – falls ich noch einmal in die Freiheit kommen sollte und Nachricht überbringen könnte –, er kam nicht mehr dazu. Ein Blutschwall aus dem Mund, der von der Lunge kam, bereitete seinem Leben ein Ende.

Ende März 1948 ging der Transport mit zehn Frauen weiter. Endstation war Workuta. Hier gab es Kohlengruben. Es wurden nur die Gesündesten und Stärksten ausgewählt. Es gab Kategorien: eins, zwei und drei, drei war die schwächste. Ich war zweite Kategorie und war daher zu schwach zum Kohlegraben. Ich kam zur Eisenbahn. Die Last der Arbeit brachte mich ins Krankenhaus: offene Tuberkulose. Drei Monate wurde mir nur Kalzium gespritzt, die Wunde verkapselte sich, und das führte zu einer Verschwartung der Lunge.

Als ich wieder arbeitsfähig war, kam ich in ein anderes Lager. Täglich marschierten wir über den großen, zugefrorenen Fluß Usa in den Wald. Von weitem grüßte uns schimmernd, schneebedeckt das mächtige Uralgebirge. Schwere Stämme mußten wir ins Lager, aber auch in die Garnison tragen. Wer unter der Last zusammenbrach, wurde mit Worten wie „Fritz" oder „Faschist" beschimpft.

Als Beleuchtung in den Baracken hatten wir Konservenbüchsen mit dickem Öl gefüllt. Aus Fetzen wurden Schnüre gedreht, die als Docht dienten. Diese Öllichter – sie mußten die ganze Nacht brennen – stanken und rauchten derartig, daß wir in der Früh alle husteten und schwarz spuckten. Wochenlang gab es kein Wasser. Schnee, der zu hohen Bergen aufgeweht war, wurde auf dem Ofen in Blechkübeln erwärmt. Mit einem Häferl wuschen wir uns vom Kopf bis zu den Füßen.

Da durch die Massen von Schnee weder Bahn noch Auto mit Lebensmitteln zu uns durchkommen konnten, mußten wir einmal jede Woche sieben Kilometer weit zum Magazin marschieren. Dort lagerten getrocknetes Hammelfleisch, getrocknete Erdäpfel und Zwiebeln, Suchary,[4] Hafer, Gerste, Kukuruz und Buchweizen. Das alles trugen wir sackweise den beschwerlichen Weg.

Hie und da ragte ein trockener Grashalm hervor. Wenn ich einen sah, war es ein kleiner Trost: Einmal muß auch hier Sommer sein! Es hatte fast immer zwischen dreißig und fünfzig Grad unter Null. Die arge Kälte trieb einem die Tränen in die Augen. Löste sich eine und rann über die Wange, so mußte man sie schnell reiben, sonst wurde die Haut sofort weiß und war erfroren. Unsere Bekleidung bestand

---

4 Suchary: Zwieback.

ganz aus Watte, darunter trugen wir Papierleibchen, auf dem Kopf eine große, dicke Šapka,[5] die unsere Gesichter zur Hälfte verdeckte. So angezogen schliefen wir auch, auf nackten Brettern.

Das Gebiet, in dem wir uns befanden, nannte man Komi ASR. Es war im Polargebiet. Die Urbewohner – es gab nur wenige – sprachen eine unverständliche Sprache, es war nicht Russisch. Man ist ihnen manchmal begegnet, wenn sie auf von Rentieren gezogenen Schlitten fuhren. Ihre Kleidung war aus Rentierhäuten zusammengenäht. Als es Sommer wurde, fanden und sahen wir auch ihre Behausungen. Die Möbel waren aus Lehmerde gebaut: Bett, Tisch, Bank und Herd.

Was ich sehr bewundert habe, war, daß im Sommer die Sonne nie unterging. Wenn sie hinter dem weiten, breiten Horizont verschwinden sollte, hob sie sich wieder und zog erneut ihre Bahn. Noch bevor wieder der Winter ins Land ziehen konnte, stellte man einen neuen Transport zusammen: Wir wurden in ein Lager in der Mordovjanskaja ASSR gebracht.

Hier gab es auch eine Nähfabrik. Es gab einen Jahresplan, und jeder Gefangene mußte seine „Norma"[6] machen. Wenn man es nicht schaffte, saß man nur auf dem ersten Kessel; das hieß, zum Essen gab es nur Krautsuppe. Ich saß vier Jahre lang mit der Krautsuppe hinter der Nähmaschine. Ein Nervenzusammenbruch machte dem ein Ende. Zwei Monate trugen mich meine Beine nicht. Dann mußten

---

5 Šapka: Pelzmütze.
6 Norma: Norm.

mein Blinddarm und ein Tumor auf dem Eierstock operiert werden: alles ohne Narkose, nur lokal betäubt.

Zur Genesung brachte man mich wieder ins Lager, und ich durfte im Sančast[7] die Kranken pflegen. Es gab hier sehr gute Ärzte, hauptsächlich Juden. Der Dežurni[8] hier hieß Paul Kadilnikov, er sprach etwas Deutsch, und er mochte mich. Aber auch ich ihn – ja, ich hatte mich in ihn verliebt! Er sah Josef so ähnlich! Wir spürten beide die gegenseitige Zuneigung.

Als im März 1953 Stalin starb, hatte ich merkwürdige Träume, und in all diesen Träumen war Paul dabei. Ich konnte mir anfangs die Gefühle nicht erklären, die mich tagsüber – nach den Träumen der vergangenen Nacht – beseligten. Da verfaßte ich ein Gedicht in russischer Sprache, in das ich all das hineinlegte, was ich nicht aussprechen durfte. Von nun an schrieb ich immer, wenn ich Nachtdienst hatte.

Dann kam eine Nacht, in der auch Paul Nachtdienst hatte. Nach der Vorschrift kamen die Aufseher immer zu zweit, doch diesmal war Paul allein. Die Kranken schliefen. Die Schwester saß in ihrem Schwesternzimmer. Ich war in der Razdačnica.[9] Die Dezurni kamen immer leise angeschlichen, so auch Paul. Ich war eifrig bei meiner Dichterei, als ich im Genick einen Hauch wahrnahm. Wie ein Blitz fuhr ich hoch – vor mir stand Paul.

---

7 Sančast: Sanitätsabteilung.
8 Dežurni: Diensthabender.
9 Razdačnica: Ausgabestelle.

In meinen Träumen und auch insgeheim hatte ich ihn nur beim Vornamen genannt, so flüsterte ich auch jetzt voller Verwirrung: „Paul!" Gleichzeitig stotterte ich eine Entschuldigung. Ich entschuldigte mich für mein dummes Herz, das nichts dafür konnte, daß ich eine Gefangene war. Ich hatte vergessen, daß es zwischen Freiheit und Stacheldraht eine Grenze gab.

„Alle warteten auf den Transport, der sie in die Heimat bringen würde"

Bald darauf wurde ich in die Wäscherei versetzt. Meine Hände waren wund. Unter den Fingernägeln standen Blutbläschen. Es ging das Gerücht um, es würde bald eine Amnestie geben: Mütter und Ausländer würden nach Hause entlassen. Aber noch war es nicht soweit. Allerdings wurden wir Ausländer zusammengetrieben und einer Extrabaracke zugeteilt. Kurze Zeit später wurden wir wieder aufgeteilt. Es sah so aus, als wüßten sie nicht, was mit uns geschehen sollte. Ich kam zu den Maurern – um Häuser auszubessern und auch zu bauen.

Im Herbst 1953 kam ich zur Feldarbeit. Hier ging es mir gut. Wir durften vom rohen Gemüse essen, soviel wir wollten. Dann stand der gefürchtete Winter bevor. Die stärksten Frauen wurden zum Holzfällen eingeteilt, die übrigen für die Schneeräumung auf Bahnhöfen und Eisenbahnstrecken. Es waren aber nicht genügend Geräte für alle vorhanden, so wurde abwechselnd gearbeitet.

Ich konnte mich vor lauter Kälte überhaupt nicht mehr bewegen. Einmal ist eine Ferse an den Sohlen der Valenka[10] angefroren. Ich wurde ins Lager getragen, und die Valenka mußte aufgeschnitten werden. Die Ferse war zuerst eine große Wasserblase und später ein Fleischklotz.

Wenn wir Freizeit hatten, gab es für uns alle eine Affenbeschäftigung: gegenseitig die Kopfläuse zu suchen. Als einmal Kopftyphus ausbrach, wurden wir alle ohne Ausnahme wie die Schafe geschoren. Das Zusammenleben von Kriminellen und politisch Verurteilten wurde immer schwieriger. Für kurze Zeit waren wir ja geteilt worden, aber nicht für lange. Man legte uns wegen des Platzmangels – es waren Lager mit drei- bis fünftausend Frauen – wieder zusammen.

Inzwischen schrieb man das Jahr 1954. Es war Herbst. Alle, die arbeitsfähig waren, mußten zur Erdäpfelernte. Ich war arbeiten gewohnt, es machte mir nichts aus, wenn ich angetrieben wurde. Ich arbeitete immer ehrlich und war auch selbst an meiner Leistung interessiert. Es war wie zu Hause, und zu Hause war ich überall. Ich hatte kein Elternhaus, nach dem ich mich sehnen konnte. Ich hab' immer nur das Lied gesungen:

> Meine Mutter liebt mich nicht,
> Meinen Vater kenn' ich nicht,
> Bin noch so jung,
> Und sterben mag ich nicht.

---

10 Valenka: Filzstiefel.

Viele russische Lieder, die die Mädchen sangen, summte ich bald nach. Heute allerdings klingen sie schon weit, weit weg.

Bei der Erdäpfelernte war ich wieder schwer erkrankt. Man trug mich mit Fieber in das Lagerkrankenhaus. Da ich nur fünfunddreißig Kilogramm wog, wollte man mich bis zum nächsten Einsatz wieder aufpäppeln. So verbrachte ich Weihnachten und Neujahr 1955 in der Obhut von Ärzten und Schwestern, die alle sehr lieb und nett zu mir waren.

Mitte Jänner kam ein Kapitan[11] ins Krankenhaus. Ich wurde ins Ärztezimmer gerufen. Der Kapitän bereitete mich ganz vorsichtig auf die Freiheit vor. Wo meine Heimat sei, fragte er mich, und wohin ich wollte. Ich wehrte mich gegen die Entlassung, da ich nirgendwo zu Hause war und niemanden hatte, der auf mich wartete. Außerdem – ich hatte zehn Jahre Strafe bekommen, und zwei davon mußte ich noch absitzen. Und übrigens: Wo sollte ich jemanden finden, der mir glauben würde, zehn Jahre Strafe bekommen zu haben, ohne etwas verbrochen zu haben?

Der Kapitän gab mir auf meine Feststellungen und Fragen recht. Er wußte, daß ich kein Verbrechen begangen hatte, doch jetzt wäre ich gefährlich gewesen, man mußte mich isolieren. Wenn ich auch all die Jahre geschwiegen hatte, jetzt war ich wie ein Pulverfaß:

„So, acht Jahre hab' ich alles über mich ergehen lassen müssen. Man hat mich beschimpft, ‚Kriegsverbrecher', ‚Faschist', ‚Fritz' und ‚Heimatverräter'.

11 Kapitan: Hauptmann.

Ich war weder das eine noch das andere! Hab' keinem Menschen was zuleide getan. Und nun: zehn Jahre Leben, zehn Jahre Jugend ... Ihr habt nur Arbeiter gebraucht, die euch ohne Lohn, nur für die Krautsuppe, Eisenbahnlinien und Häuser bauen."

Weiter kam ich nicht. Meine Nerven versagten. Zwei Schwestern hielten mich und führten mich dann zurück ins Krankenzimmer. Ein paar Tage später mußte ich zurück in die Baracke. Man holte mich nicht mehr zur Arbeit.

Am 2. Februar 1955 nahm ich Abschied von meinen Leidensgenossinnen. Es gab Tränen und Glückwünsche für das Leben in der Freiheit. Man brachte mich nach Potma, das ist zwischen Kirov und dem Uralgebirge, ins Repatriierungslager. Hier waren dreihundert Männer und zwanzig Frauen – alle Nationen. Alle warteten auf den Transport, der sie in die Heimat bringen würde. Auch mich befragten sie noch einmal, wohin ich wollte. Da ich meine Mutter doch schon zehn Jahre nicht gesehen hatte, entschloß ich mich, nach Jugoslawien zu fahren, wo meine Mutter wohl noch lebte.

Hier, im Repatriierungslager, wurden wir schon als halbfreie Menschen geführt. Hier fand ich auch Rudi Misotič, meinen Mann fürs Leben. Doch zuerst trennten sich unsere Wege. Er fuhr mit dem Transport nach Österreich, wo seine Eltern lebten. Meine Wahl war, wie gesagt, zur Mutter nach Jugoslawien, was ich jedoch später sehr bereute.

„Mein Entschluß steht fest:
Ich gehe schwarz über die Grenze!"

Im Juli 1955 kam ich als Heimkehrer nach Jugoslawien. Weder die Mutter noch die Regierung nahmen mich mit offenen Armen auf. Mutter hatte für mich kein Bett und kein Brot. Auf der Suche nach Arbeit zuckten die Beamten mit den Schultern: „Wir haben für unsere Leute keine Arbeit, und Sie sind keine Unsrige. Sie gehören hinüber nach Österreich." – Wieder einmal dieselben Worte, die ich schon als Kind zur Genüge gehört hatte.

„Wo gehöre ich nun in Wirklichkeit hin?" fragte ich mich und versuchte es mit einer Entschuldigung: „Ich habe meine Mutter zehn Jahre nicht gesehen, und ich wollte zu ihr. Das war ein Irrtum, ich weiß. Aber wenn ich hier keine Arbeit finde, dann bitte ich Sie, geben Sie mir Dokumente, und ich gehe nach Österreich." Der Beamte schüttelte den Kopf: „Das geht leider nicht! Sie müssen mindestens zwei Jahre hier bleiben, damit Sie die jugoslawische Staatsbürgerschaft bekommen. Dann können Sie fahren, wohin Sie wollen."

Zuhause erwartete mich nichts Gutes; es war einfach eine Katastrophe: Meine slowenische Sprache war schlecht. Ich sprach nur Russisch oder Deutsch. Mit Mutter und Stiefvater sprach ich Deutsch, aber meine Schwester, die inzwischen zwölf Jahre alt geworden war, verstand mich nicht, und sie mochte mich auch nicht. Ich sei ein Eindringling und störe das Familienleben. Wieder einmal war meine Schlafstätte auf dem Dachboden. Zwei starke Bretter, die auf zwei Kisten gelegt wurden, waren mein Bett, eine Kiste diente als Nachtkästchen; der Polster war mit Türkenfedern gefüllt, eine Roßhaardecke hatte ich zum Zudecken.

Rudolf Misotič war als Heimkehrer in Österreich und von seinen Eltern willkommen geheißen worden. Allerdings war er – ebenso wie ich – staatenlos. Wir standen ständig in Briefkontakt. Als ich ihm meine Lage schilderte, riet er mir, ich sollte mich mit seinen beiden Schwestern, die in Ptuj lebten, in Verbindung setzen. Das tat ich dann auch. Sie halfen mir finanziell. Doch es war nicht viel: Ich wußte nicht, sollte ich Briefpapier und Marken kaufen, um Rudi zu schreiben, oder sollte ich mir für das Geld Zigaretten kaufen, denn ich hatte in Rußland vor Hunger zu rauchen gelernt.

Endlich fand ich Arbeit. An der Drau wurde ein Elektrizitätswerk gebaut. Dafür braucht man auch neue Straßen und Häuser. Es waren zweihundert Arbeiter, die dort bauten, und für die Werksküche brauchten sie Küchenmädchen. Drei Monate dauerte dieses Dienstverhältnis. Zu Weihnachten fuhren die Arbeiter – sie waren hauptsächlich aus Serbien – zum Teil heim und sollten Ende März wiederkommen. Drei Mädchen wurden aus der Küche entlassen. Darunter war auch ich, und so stand ich am Neujahrstag 1956 wieder vor der Tür.

Wohin nun? Heim, zur Mutter? Nein! Sie hatte auch jetzt noch, so wie einst, die Hand gegen mich erhoben und mich schlagen wollen. Doch diesmal hatte sie die Rechnung ohne den Wirt gemacht. „Mutter", hab ich gesagt und ihre beiden Hände ergriffen, „Mutter, jetzt bin ich schon dreißig Jahre alt und habe so viel Elend in der grausamen Welt mitgemacht, habe dem Tod in die Augen geschaut; jetzt laß ich mich von dir nicht mehr schlagen." Diesen Widerstand hatte sie nicht von mir erwartet. Sie bekam einen Nervenanfall.

Mit dem bißchen Geld, das ich in den drei Monaten verdient hatte, kaufte ich mir Schuhe, ein Kleid und Unterwäsche. Mein Weg führte mich nach Lesche, zu Tante Anna. Hier wurde ich, wie schon als Kind immer, in die Arme geschlossen. Sie wollte alle meine Wünsche erfüllen. „Was möchtest du essen?" fragte die alte Frau und strich mir über die Haare. „Bitte, a Milchfaferl, Tante Anna." Das Milchfaferl war schon als Kind mein Lieblingsessen gewesen.

Ich schrieb dann einer Frau nach Prekmurje. Sie hieß Anna Stessel. Ihr Mann Josef war mit mir zusammen in Rußland im Lager Potma gewesen. Frau Stessel wollte nicht glauben, daß ihr Mann noch am Leben war, da man ihr schon geraten hatte, sie sollte ihren Mann für tot erklären lassen. Und nun bekam sie von mir ein Lebenszeichen ihres Mannes! Sie schrieb, ich sollte so bald wie möglich zu ihr kommen, und sie schickte mir auch Geld für die Reise.

Tante Anna konnte nicht glauben, daß ich sie schon wieder verließ. Sie wollte, daß ich für immer bei ihr bleiben und auch Erbin ihres kleinen Häuschens werden sollte. Aber ich machte ihr klar, daß hier für mich keine Zukunft war. Schweren Herzens und mit Tränen in den Augen nahmen wir zwei wieder einmal Abschied.

Frau Stessel wohnte in Fiksinci. Das ist eine armselige Ortschaft, vis-à-vis dem Dorf Klöch, fünf Kilometer von Radkersburg in Österreich entfernt. Die

Kühe, die auch gemolken werden, müssen den ganzen Tag hart auf Feldern und Wiesen arbeiten. Frau Stessel lebte nur von dem, was sie im Garten ziehen konnte. Immer wieder mußte ich ihr von ihrem Mann erzählen. „Aber warum schreibt er nicht? Hat er eine andere Frau?" fragte sie wieder und wieder. Ich wußte nicht, wie ich ihr versichern sollte, daß das nicht der Fall war.

Zwei Monate, es war ein harter Winter mit viel Schnee, blieb ich hier. Ununterbrochen dachte ich nach, wie die genaue Adresse des Lagers in Potma war, bis ich eines Morgens aufwachte und die Adresse endlich im Kopf hatte. Frau Stessel schrieb sogleich an ihren Mann. Nach einem Monat kam die Antwort, in welcher er schrieb, sie sollte ihm für die Entlassung die nötigen Papiere schicken.

Dann kam aus Ptuj von Rudis Schwestern eine Einladung, ich sollte sie besuchen. Womöglich würde sich auch eine Arbeit finden. Ich nahm die Einladung an. Genau an Rudis Geburtstag, dem 18. März, saß ich im Zug und fuhr zu seinen Schwestern. Im Zug war auch ein Ehepaar aus Österreich. Sie hatten ein kleines Transistorradio mit, und das spielte in deutscher Sprache ein Lied: „ Fliegt eine weiße Taube zu dir, bringt Grüße von mir . . ." Meine Kehle war wie zugeschnürt, und ich weinte bitterlich. Der Mann, dem das Radio gehörte, gab mir zwanzig Schilling.

In Ptuj ging es mir soweit ganz gut. Arbeit aber hat sich für mich keine gefunden. Drei Wochen ging ich regelmäßig aufs Arbeitsamt, doch aufgrund meines Ausweises – dort standen der österreichische Geburtsort und der deutsche Name Forstner – begegnete man mir mit Skepsis. Langsam wurde es mir zu dumm: „Ich kann doch nicht ewig den Geschwistern Rudis auf der Tasche liegen. Mein Entschluß steht fest: Ich gehe schwarz über die Grenze!"

Um mein letztes Geld kaufte ich mir eine Fahrkarte und fuhr nach Fiksinci zu Frau Stessel, von hier waren es ja nur ein paar Meter nach Österreich. Sie staunte nicht wenig, als ich wieder bei ihr auftauchte. Aber als ich ihr mein Vorhaben schilderte, erschrak sie sehr. Ob mich wohl niemand gesehen hätte, als ich zu ihr ging. Ich verstand: Sie fürchtete, wegen meines illegalen Grenzübertritts Schwierigkeiten zu bekommen.

„Keine Angst, ich geh den ganzen Weg durch den Wald. Und schnappen wird mich keiner. Ich habe heute Nacht zur Mutter Gottes gebetet, danach hatte ich einen wunderbaren Traum: Als ich ratlos vor einem Bach stand, kam sie, hob mich drüber; danach war sie wieder verschwunden." Frau Stessel war und ist – sie lebt noch – eine sehr gläubige Frau. Sie tauchte zwei Finger in den Weihwasserbehälter, der bei der Zimmertür hing, bekreuzigte mich und sagte: „Geh, mein Kind, geh mit Gott!"

> *„Wir hatten beide kein Geld,*
> *nichts zum Anziehen,*
> *keine Wohnung . . ."*

Es war der 15. April 1956. Eine kühle, nebelige Aprilnacht umfing mich. Voller Mut und Überzeugung, das Richtige zu tun, stolperte ich über Wiesen und Äcker dem Ziel entgegen. Dann hörte ich schon das Bacherl rauschen, das die Grenze zwischen Österreich und Jugoslawien bildet. „Geschafft, endlich geschafft!" Das könnte ich in die Welt hinausschreien. Der Nebel war noch dichter geworden. Vor mir standen riesengroße Fichten, ein Wald. Da durch mußte mein Weg führen, denn hinter dem Wald war die Landstraße und die Ortschaft Klöch.

Als führte mich jemand an der Hand, fand ich sofort den Weg durch den Wald. Mein Ziel war, zu Menschen zu kommen und für die Nacht um Herberge zu bitten. Bevor ich jedoch noch zu den Häusern kam, stoppte mein Fuß. Hier war ein Marterl, und darin stand in voller Lebensgröße die Mutter Gottes. Ich kniete nieder, bedankte mich für die Hilfe, und es war wie ein warmer Hauch, der für einen Moment mein Haupt umwehte.

Die Wirtin des Hauses, in welchem ich dann Aufnahme fand, bereitete mir einen kleinen Imbiß und gab mir ein Zimmer. Am nächsten Tag bekam ich auch Frühstück. Ich hatte kein Geld, um zu zahlen, doch ich bat die Wirtin um die Rechnung und um die Adresse, denn ich würde ja arbeiten und mit meinem ersten Lohn die Schulden bezahlen. Die gute Frau wollte von all dem nichts wissen. Sie wünschte mir nur Glück, und ich sollte mich bei der Zollwache melden. Das tat ich auch. Alle waren zu mir sehr freundlich und halfen mir, weiter zu kommen.

In Radkersburg mußte ich allerdings vier Tage bleiben. Meine Flucht mußte nach Jugoslawien gemeldet und nachgeforscht werden, ob ich nicht wegen irgendeiner kriminellen Tat gesucht würde. Nun, das war nicht der Fall. Ich wurde als politischer Flüchtling anerkannt und wollte nur noch eines: in die Heimat zu Rudolf Misotič fahren, nach Maria Gail bei Villach in Kärnten.

Auch Rudi war über meine Flucht informiert und gefragt worden, ob er mich als Verlobte anerkennen und zu sich nehmen wollte. Wenn dies der Fall war, so mußte er für meinen Aufenthalt in Radkersburg bezahlen. Das tat er, und ich bekam vorläufig für sechs Monate Aufenthaltserlaubnis und ein Dokument mit Foto. Man hat mich in der Heimat willkommen geheißen und mir hundert Schilling für die Fahrt nach Villach gegeben. Ein Beamter brachte mich noch zum Zug. Die Fahrkarte kostete dreiundachtzig Schilling.

Im Zug lernte ich eine Nonne kennen. Sie stammte aus Villach. Wir kamen ins Gespräch, und als wir ausstiegen, fragte ich sie, wie ich nach Maria Gail komme. Gerne gab sie mir Auskunft: „Es sind drei Kilometer, aber heute fährt kein Autobus mehr. Sie müssen im Hotel übernachten." Ich erklärte ihr, daß ich nicht genug Geld hätte, um in einem Hotel zu schlafen. Ganz kurz schilderte ich ihr mein armseliges Dasein. Da nahm sie mich an der Hand und sagte: „Damit du nicht verlorengehst!" So ging sie mit mir durch Villach. Als die Nonne für mich beim erstbesten Hotel um Übernachtung bat, wurde sie abgewiesen. Im Hotel Lahm nahmen sie mich auf. Ich bekam ein Abendessen und ein sehr schönes Zimmer. Um acht Uhr in der Früh wurde ich geweckt, ein Mädchen brachte mir noch das Frühstück.

Mit dem Postautobus fuhr ich um elf Uhr nach Maria Gail. Hier, in dieser Ortschaft, wohnte der Mann, den ich in Sibirien kennengelernt hatte und der mich fürs zukünftige Leben zur Frau haben wollte. Wir hatten beide ein böses Schicksal hinter uns. Wir wollten gemeinsam das Beste daraus machen und zu zweit das Leben meistern.

Doch aller Anfang ist schwer. Wir hatten beide kein Geld, nichts zum Anziehen, keine Wohnung ... An Heiraten zu denken war sinnlos, denn wir waren beide staatenlos. Schließlich wurde Rudi die Staatsbürgerschaft zugesagt, aber die mußte man bezahlen. Auf Raten wurde sie abbezahlt. Ich fand Arbeit in einem Haushalt in Villach. Rudi war Tischler und arbeitete in einer Werkstatt nicht weit von unserem Wohnort. Einen Raum ohne Möbel bekamen wir als Untermieter bei einer Familie.

Am zweiten Februar 1957 schlossen wir den Bund fürs Leben. Es war nicht die große Liebe, es war eine Vernunftehe. Meine Schwiegereltern akzeptierten mich, und wir verstanden uns sehr gut. Sie hatten selbst ein schweres Schicksal hinter sich. Beide sowie ihre Großeltern stammten aus Kärnten. Vier Kinder meiner Schwiegereltern waren in Villach geboren worden, weitere vier in Jugoslawien, darunter auch mein Mann.

Wie war es dazu gekommen? Der Vater war Eisenbahner und dienstlich nach Jesenice/Aßling überstellt worden. Alles ging seinen Weg, und alles war in Ordnung. Von der jugoslawischen Regierung unter König Alexander Karadordević nahm der Vater die jugoslawische Staatsbürgerschaft an. Während der Hitlerbesatzung waren sie als Volksdeutsche geführt worden.

Als aber Hitler geschlagen wurde und der Krieg aus war, kam als Oberhaupt Jugoslawiens Josip Broz-Tito an die Macht, und der säuberte sein Land sehr gründlich. Es half nichts, daß die Misotič die jugoslawische Staatsbürgerschaft hatten, sie galten als Österreicher. Sie mußten alles liegen und stehen lassen, nur das, was sie tragen konnten, durften sie nehmen und gehen.

Sie wurden nach Österreich in ein Flüchtlingslager abgeschoben. Später nahm sich eine Schwiegertochter ihrer an und nahm sie zu sich. Sie bekamen ein Mansardenzimmer, aber das war auch alles. Drei Jahre mußte der Vater warten, bis er eine Rente bekam. Sie gingen zu einem Bauern arbeiten, um sich sattessen zu können.

Mein Mann bekam die Spätheimkehrerentschädigung. Davon kleideten wir uns in erster Linie bescheiden ein. Was übrig blieb, taten wir in die Sparkasse, wo es aber nicht lange blieb: Der Meister meines Mannes stand vor dem Ruin. Er bat uns um das Geld, er würde es uns mit fünf Prozent Zinsen zurückzahlen. Bald darauf ging er in Konkurs, unser Geld sahen wir nie wieder.

Ich war auf der Suche nach meinem Vater. Franz Meier gibt es viele, aber nicht jeder war 1925 in Völkermarkt, wo meine Mutter zu dieser Zeit gearbeitet hatte. Zu Ostern 1960 fand ich meinen Vater in Treffen bei Villach. Er hatte ein kleines Häuschen, war verheiratet, und seine Kinder, meine Halbgeschwister, waren schon groß. Nun war ich glücklich. Auf einmal hatte ich vier Schwestern und einen Bruder.

Doch dieses Glück wurde bald getrübt, und mein Vater war der Hauptschuldtragende. Es war ein Jammer: Er sah in mir nicht sein Kind, sondern meine Mutter. Immer wieder sagte er: „Mein Peperl, meine Jugend ist zurückgekehrt!" Das war für seine Frau, meine Stiefmutter, sehr schmerzhaft.

Mein Mann und ich beschlossen, die Besuche einzuschränken. So fuhren wir zwei nur einmal im Jahr nach Treffen, und das war zum Kirchtag, der immer an meinem Geburtstag stattfindet. Heute sind alle unsere Eltern unter der Erde, und wir können ihrer nur gedenken.

Zwei meiner Schwestern sind über die Grenze in die Welt hinaus gezogen. Eine Stiefschwester ist in Mannersdorf an der Leitha, dort, wo ich als junges Mädchen Glück und noch mehr Leid erlebte. Schwester Hermi, die in Treffen geblieben ist, hat zwei hübsche Töchter, die schon selbst Familien gegründet haben. Für mich haben sie immer ein paar nette Worte bereit, was mir alten und kränklichen Frau sehr wohl tut. Ein gutes Wort findet immer einen guten Platz.

Nun, die Jahre, die mein Mann und ich dem Krieg und der russischen Gefangenschaft opferten, gingen nicht spurlos an uns vorbei. Je älter wir wurden, desto kränklicher. Ich konnte am Anfang noch Sommer wie Winter arbeiten, später nur noch in der Sommersaison. Fast jeden Winter wurde ich operiert oder wartete auf die Genesung. Die letzte Operation war 1974: mama amp.[12]

Es gibt in jeder Ehe ein Auf und Ab, doch ich habe den besten Mann für mein Leben gewählt. Heute sind wir alt und krank, aber glücklich und zufrieden, denn wir sind zu Hause: zu Hause wo uns keiner mehr sagt, daß wir nicht hierher gehören. Und das verdanken wir dem österreichischen Staat.

---

12 mama amp.: Brustamputation.

Glossar

Boxhörndl = Johannisbrot.

Faferlsuppe (Milchfaferl) = Mit der Hand abgebröselter, trockener Mehl-Wasser-Teig.

Gatterist = Sägewerksarbeiter am Gatter.

Holzzockel = derbes, geschnitztes Holzschuhwerk.

Hupfer (einen Hupfer machen) = (vor Freude) hochspringen.

Joch (unter dem Joch schlafen) = First (unter dem First [auf dem Dachboden] schlafen).

Kathreiner Kaffee mit Franck = Kaffeeersatz.

Kukuruzsterz = Maismus.

Marterl = Bildstock.

Milchkandl = Milchkanne.

Pracker = meist aus Weiden geflochtenes Gerät zum Teppichklopfen.

Reindel = Kasserolle.

Reindling = Hefekuchen.

Schwarzbeeren = Johannisbeeren.

sekkieren = quälen, belästigen.

Stamperl = Schnapsglas.

Türken = Mais.

Türkenfedern = Maisstroh.

Waschrumpel = Gerät zum Wäschereinigen.

Damit es nicht verlorengeht...

Herausgegeben von
Michael Mitterauer und Peter P. Kloß

Böhlau Verlag Ges.m.b.H. & Co.KG., A-1201 Wien.

bearb. u. Einl. v. Peter P. Kloß, unter Mitarbeit v. Ernestine Schuster. 1986. 211 S., 19 SW-Abb. Br. ISBN 3-205-06157-8

9: Oswald Sint, **Buibm und Gitschn beinando is ka Zoig.** Jugend in Osttirol 1900-1930. Vorw. u. bearb. v. Peter P. Kloß. 1986. 317 S., 22 Abb. auf Taf. Geb. ISBN 3-205-06159-4

10: Adolf Katzenbeisser, **Kleiner Puchermann lauf heim...** Kindheit im Waldviertel 1945-1952. Vorw. u. bearb. v. Peter P. Kloß. 1986. 209 S., 10 SW-Abb. Geb. ISBN 3-205-06160-8

11: **Als das Licht kam.** Erinnerungen an die Elektrifizierung. Vorw., hrsg. u. bearbeitet v. Viktoria Arnold. 1986. 288 S. Geb. ISBN 3-205-06161-6

12: **Es war eine Welt der Geborgenheit...** Bürgerliche Kindheit in Monarchie und Republik. Hrsg. v. Andrea Schnöller u. Hannes Stekl. 1987. 306 S., 16 Taf. m. 30 SW-Abb. Geb. ISBN 3-205-06163-2

13: Agnes Pohanka, **Ich nehm' die Blüten und die Stengel...** Kräutlerin am Schlingermarkt. Vorw. u. bearb. v. Werner Nachbagauer. 1987. 207 S., 4 Taf. mit 9 SW-Abb. Geb. ISBN 3-205-06158-6

14: Michael Mitterauer (Hrsg.), **Gelobt sei, der dem Schwachen Kraft verleiht.** Zehn Generationen einer jüdischen Familie im alten und neuen Österreich. Vorw. v. Rudolf Kirchschläger. 1987. 319 S., 24 Taf. m. 23 SW-Abb. Geb. ISBN 3-205-06165-9

15: Adolf Katzenbeisser, **Zwischen Dampf und Die-**

Böhlau Verlag Ges.m.b.H. & Co.KG., A-1201 Wien.

sel. Ausbildung zum Lokführer 1956-1965. Bearb. v. Peter P. Kloß. 1988. 313 S., 10 SW-Abb. Geb. ISBN 3-205-06780-0

16: Barbara Waß, **Für sie gab es immer nur die Alm**. Aus dem Leben einer Sennerin. Vorw. v. Michael Mitterauer. 1988. 178 S., 12 SW-Abb. Geb. ISBN 3-205-06164-0

17: Helen L. Krag, **Man hat nicht gebraucht keine Reisegesellschaft**. 1988. 184 S. Geb. Vergriffen. ISBN 3-205-05146-7

18: Barbara Passrugger, **Hartes Brot**. Aus dem Leben einer Bergbäuerin. Bearb. v. Ilse Maderbacher. 1989. 188 S., 8 S. SW-Abb. Geb. ISBN 3-205-05227-7

19: Norbert Ortmayr (Hrsg.), **Knechte**. 1991. 348 S., 16 SW-Abb. Geb. ISBN 3-205-05433-4

20: Maria Gremel, **Vom Land zur Stadt**. Ereignisreiche Jahre 1930-1950. 1991. 105 S. mit 8 SW-Abb. Geb. ISBN 3-205-05432-6

21: Erhard Chvojka, **Großmütter**. 1992. 160 S., 8 S. SW-Abb. Geb. ISBN 3-205-05492-X

22: Marie Toth, **Schwere Zeiten**. Aus dem Leben einer Ziegelarbeiterin. Bearb. v. Michael H. Salvesberger. 1992. Ca. 250 S. Geb. ISBN 3-205-05540-3

23: Ludmilla Misotič, **Die Grenzgängerin**. Ein Leben zwischen Österreich und Slowenien. 1992. Ca. 110 S., 4 SW-Abb. Geb. ISBN 3-205-05538-1

Weitere Bände sind in Vorbereitung.

Böhlau Verlag Ges.m.b.H. & Co.KG., A-1201 Wien.

Die Reihe „Damit es nicht verlorengeht . . ."
will darauf aufmerksam machen, wie wichtig
es ist, alltägliche Lebensverhältnisse früherer
Zeiten zu überliefern. Dies gilt insbesondere für
Bevölkerungsgruppen und Themenbereiche,
die bisher in der Geschichtswissenschaft wenig
Beachtung gefunden haben. Die Reihe will
damit dazu anregen, lebensgeschichtliche Erinnerungen niederzuschreiben. Freilich wird es
der Ausnahmefall sein, daß solche Aufzeichnungen auch gedruckt werden können. Unver-
öffentlichte Autobiographien werden in erster
Linie für die eigene Familie wertvoll sein. An
diesen Kreis ist daher bei der Abfassung wohl
primär zu denken.

Darüber hinaus sind aber gerade solche für
einen privaten Kreis niedergeschriebene Le-
benserinnerungen auch für die Wissenschaft
von großem Wert. Im Rahmen einer neuen all-
tagsgeschichtlich orientierten Sozialgeschichts-
forschung gewinnen sie zunehmend an Bedeutung. Aus diesem Grund wurde am Institut für
Wirtschafts- und Sozialgeschichte der Universität Wien (1010 Wien, Dr.-Karl-Lueger-Ring 1)
im Rahmen eines Forschungsprojektes zur Sozialgeschichte der Familie mit einer Sammlung
unveröffentlichter Autobiographien begonnen.

Die Leser dieses Bandes werden eingeladen,
zu dieser Sammlung dadurch beizutragen, daß
sie auf private lebensgeschichtliche Aufzeichnungen aufmerksam machen beziehungsweise
Kopien solcher Aufzeichnungen zur Verfügung
stellen.